Klaus Kinold   **25 Jahre KS Neues**

25
Jahre
KS Neues

**Neues
Bauen
in
Kalksandstein**

**Herausgegeben
von
Klaus Kinold**

**Einführung
von
Max Bächer**

Callwey

Eine Dokumentation
von 25 Jahrgängen
„KS Neues –
Neues Bauen in Kalksandstein"
Zeitschrift der
KALKSANDSTEIN-INFORMATION
GmbH + Co KG
Entenfangweg 15
30419 Hannover

© 1994 Atelier Kinold und
Callwey Verlag, München

Fotografie und Gestaltung
Klaus Kinold

Text
J. A. Heinz Jakubeit

Mitarbeit
Susanna Eibersch
Dagmar Zacher

Satz
SchumacherGebler
München

Lithografie
Brend'amour Simhart + Co
München

Druck
Passavia Druckerei GmbH
Passau

Die Deutsche Bibliothek –
CIP-Einheitsaufnahme
25 Jahre KS Neues:
neues Bauen in Kalksandstein;
[eine Dokumentation
von 25 Jahrgängen
der Zeitschrift KS Neues –
neues Bauen in Kalksandstein] /
hrsg. von Klaus Kinold.
Vorw. von Max Bächer.
[Text J. A. Heinz Jakubeit]. –
München: Callwey, 1994
ISBN 3-7667-1118-0
NE: Kinold, Klaus [Hrsg.];
Fünfundzwanzig Jahre KS Neues

Inhalt

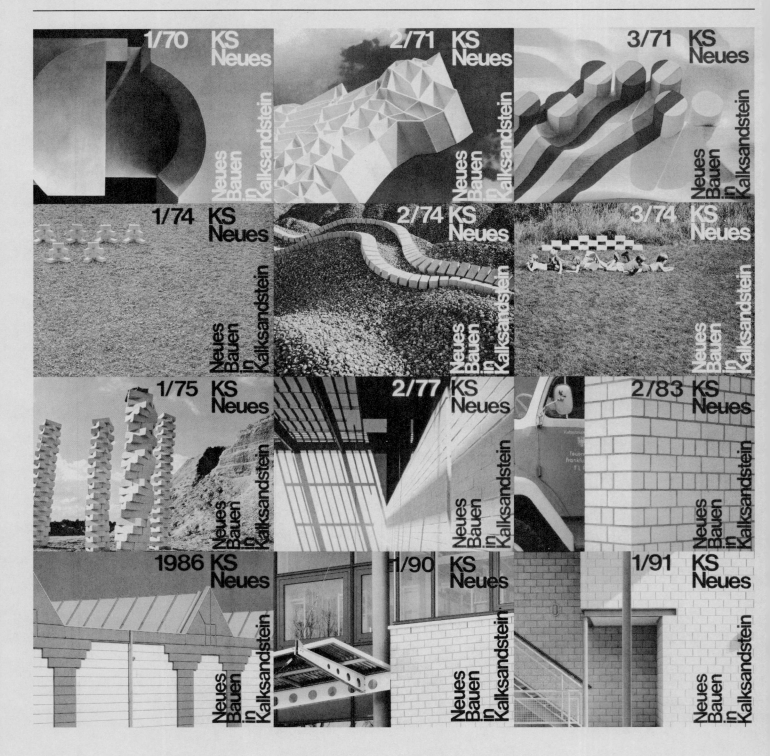

Verantwortlich für Baukultur?
Drei Wörter und ein Fragezeichen.
Dabei ist doch alles längst geklärt:

Baut ein Baumeister ein Haus und macht es zu schwach,
so daß es einstürzt und tötet den Bauherrn:
dieser Baumeister ist des Todes.
Kommt ein Sohn des Bauherrn dabei um,
so soll ein Sohn des Baumeisters getötet werden.
Kommt ein Sklave dabei um,
so gebe der Baumeister einen Sklaven von gleichem Wert.
Wird beim Einsturz Eigentum zerstört,
so ersetze er den Wert und baue das Haus wieder auf.

Hammurabi, um 2000 v. Chr.

Dieser Text ist dem Werbeprospekt einer Versicherungsgesellschaft entnommen, in dem es weiter heißt: viertausend Jahre später lösen wir Ihre Haftungsprobleme durch optimalen Versicherungsschutz.

Architekten lebten riskant. Die einen wurden geblendet, um ja kein schöneres Werk mehr für die Konkurrenz zu vollbringen, die anderen samt ihren Bauhandwerkern als „Sicherheitsrisiko" umgebracht, kannten sie doch die schwachen Stellen im Mauerwerk der Schatzkammern. Heute dauern Bauprozesse endlos lange. Dafür bleiben wir am Leben. Entschieden wird in langwierigen Expertenschlachten anhand von mehr als eineinhalbtausend Rechtsnormen, Vorschriften und Erlassen, die sich vielfach widersprechen, oder einander ausschließen. Außerdem kennt sie keiner alle. Den Rest erledigen die Versicherungen. Mit Baukultur hat das nichts zu tun. Sie entzieht sich der Gerichtsbarkeit.

Die Silbe „ver" ist ein Wechselbalg der deutschen Sprache. Sie dreht den Wortsinn nach Belieben um, schafft aus eindeutigen Worten Zweideutigkeiten:

gehen – vergehen
hören – verhören
sehen – versehen
sagen – versagen
sprechen – versprechen
antworten – verantworten

Verantwortung, was heißt das schon. Man kann sie übernehmen, tragen, übertragen, kann unter ihrer Last zusammenbrechen, sie abgeben und abwälzen, als handle es sich um einen Begriff aus der Transportbranche. Man kann sie delegieren, kumulieren, kollektivieren, teilen, übergeben wie in dem Heimkehrerstück „Draußen vor der Tür" von Wolfgang Borchert jener Oberst dem Unteroffizier Beckmann,

der sie ihm gerne wieder zurückgegeben hätte. Sie eignet sich vorzüglich für Appelle an die junge Generation und wenn es darum geht, Schuld zu verladen. Genug davon, Amigos! Das Wort ist keine Hülse wert. Heinrich Lübke kommt wohl das Verdienst zu, Verantwortung vom Menschen auf Vorgänge übertragen zu haben, als er einmal aus Kanada zurückkam und uns belehrte, daß die Umdrehung der Erde für die fünfstündige Zeitverschiebung „verantwortlich" sei. Längst haben wir uns daran gewöhnt, daß im infantil kommentierten abendlichen Wetterbericht das Hoch über den Azoren für den Sonnenschein verantwortlich ist, und in einem Fachbuch finden wir die treffende Aussage, daß der Regen für viele Bauschäden verantwortlich sei. Fein – dann haben wir ja endlich den Schuldigen. Kann denn die Erde für sich einstehen, hat der Regen ein Pflichtbewußtsein, das Azorenhoch eine Kompetenz?

Gesetze umreißen die Verantwortung des Architekten. Danach wirkt dieser „maßgeblich an der Erhaltung und Entwicklung der Baukultur und der Gestaltung der Umwelt mit" und er ist „durch seine fachliche Verantwortung der Gesellschaft gegenüber verpflichtet". Das hört sich gut an. Berufsverbände tun ein übriges, um auf ihre öffentliche Aufgabe „Bauen in sozialer Verantwortung" hinzuweisen. Pustekuchen, die muß man erst mal haben. Wann oder wo werden wir denn mal im Vorfeld der Entscheidungen maßgeblich beteiligt? Architekten waren vorlaut genug, den Alleinvertretungsanspruch für die gebaute Umwelt zu reklamieren. Nun sind sie hauptverantwortlich: für die Trostlosigkeit neuer Wohnsiedlungen, für zu kleine Kinderzimmer, fehlende Spielplätze, für den Riß in der Tapete, den tropfenden Wasserhahn, für die Anzahl der Parkplätze und für die Nachbarn: Erbarmen! Laut Statistik sind Architekten nur bei ca. 50% aller Bauvorhaben an der Planung und bei 30% an der Durchführung beteiligt. Wenn das stimmt, wozu braucht es dann ein Planvorlagegesetz und wer ist eigentlich für den größeren Rest verantwortlich? Verantwortung braucht nicht nur Kompetenz und Können, sondern auch Macht: Vollmacht.

Aber die, die sie von Amts wegen haben, schaffen's ja auch nicht. Da wird ein schönes Stadtpalais vom Denkmalamt mit viel Geld und Liebe restauriert und alle freuen sich daran. Dann kommt ein großer Kran und hängt einen riesigen Vorwegweiser so davor, daß vom Palais fast nichts mehr zu sehen ist. Es kommt zum Streit und jedem wird danach bestätigt, daß er verantwortlich im Sinne seines Auftrags gehandelt habe. Und dabei bleibt's.

Erinnern wir uns noch daran, als wildgewordene Stadtgestalter im Namen des Bauausschusses Straßenräume in unseren Städten mit nostalgischen Kandelabern und bombensicheren Betonbänken verrammelten, und viele Bäumchen in hochgewölbte Pflasterdünen pflanzten, sodaß die Straße niemand mehr benutzen konnte? Jetzt will man sie zum Segen aller wieder freiräumen. Aber die Bäumchen sind inzwischen groß und stehen unter allerhöchstem grünen Schutz. Solange die Zuständigkeiten für die Straße geteilt sind – das Tiefbauamt für die Pflasterung, die Stadtwerke für die Lampen, das Gartenbauamt für die Bäume und das Planungsamt für die Planung zu sorgen hat und keiner mit dem anderen spricht – solange wird sich gar nichts ändern. Ressortdenken auf allen Ebenen hat sich in kontraproduktiven, rechthaberischen Aktionismus verkehrt, der sich mit Verantwortlichkeit legitimiert und sich mit Sachzwängen entschuldigt. Haben wir nicht mit der Zerstückelung von Verantwortung und unserer Vorliebe für die Optimierung von Prozessen aus der Vergangenheit gelernt? Verantwortlich wofür oder wogegen?

Alle reden von Baukultur. Wenn nur mal einer sagen würde, was er darunter versteht. Leichter ist es immer umgekehrt. Reden wir also nicht von den Pharaonen und ihren Pyramiden, von Perikles und seinem Phidias, von Schönborns und Balthasar Neumann, Napoleon und Baron Haussmann, Friedrich Wilhelm III. und Schinkel, Antoni Gaudi und Güell oder von den sieben Weltwundern, denn ein paar einmalige Meisterleistungen zählen für die Baukultur eines Landes so wenig, wie der Auftritt einer Callas in der Met für das Musikleben Amerikas.

Baukultur ist die qualitative Übereinstimmung der Gesamtheit des Gebauten einer Epoche in ihrer ganzen Vielfalt. Es ist die Fortschreibung von Geschichte in die Gegenwart und umfaßt den pfleglichen Umgang mit ihrer Bausubstanz, wozu nicht nur die Zeugen der Vergangenheit gehören, sondern ebenso das, was wir heute für morgen schaffen. Baukultur kann man nicht kaufen und sie hat nichts mit Wohlstand oder Reichtum zu tun, allenfalls insofern sie davon gefährdet wird. Das Fischerdorf am Fjord oder das Bergdorf im Tessin hatten es leicht ihre Baukultur zu erhalten, solange sich die Lebensformen nicht änderten oder ihre Einheit mit den Bauformen Veränderungen standhielt. Eine Freie Reichsstadt wie Regensburg konnte ihre prägende Substanz nur deshalb bewahren, weil sie lange Zeit im Windschatten der wirtschaftlichen Entwicklung lag und sich mit Stolz ihres Erbes bewußt zeigte, als es darum ging, dies zu verteidigen und als Übereinkunft zwischen Vergangenheit und Gegenwart in die Zukunft fortzuschreiben.

Baukultur kann man nicht anordnen. Unter der Naziherrschaft wurde sie ganz groß geschrieben und sie haben's auch erstaunlich weit gebracht damit. Man brauchte nur alles, was nicht in das vorgefaßte Bild hineinpaßte zu unterdrücken oder auszuhungern. Nun haben wir begonnen, unsere neue Heimat zu entdecken, stoßen auf unbekannte Städte und Ortschaften von großer Schönheit, ein bißchen verkommen, sonst fast unberührt, wie manche sie nur noch aus alten Fotoalben kennen, suchen Zeugnisse einer Geschichte, die nun auch die unsere geworden ist. Doch vieles davon ist schon nicht mehr da. Zu viele bemühen sich aktiv um die Beseitigung von Baukultur. Aktive Denkmalpflege: sie kennt Akte der Spurensicherung und Akte der Spurenvernichtung, schaut zu oder weg, wenn der Bagger wieder die Vergangenheit bewältigt. Wie schon einmal. Was weg ist, hat es nie gegeben. Sie protestiert nicht, wenn historische Zeugnisse einer Epoche von fast einem halben Jahrhundert verschwinden: „Alles soll wieder so werden, wie es nie war". Zum Beispiel das Dresdner Schauspielhaus: unmittelbar nach dem Inferno von den Bürgern enttrümmert, mit einem modernen Innenraum versehen, fast 50 Jahre in Betrieb, heute authentisches Zeugnis der 50er Jahre. Zugunsten einer fragwürdigen Rekonstruktion eines mittelprächtigen Theatersaals von 1913, an den sich kaum ein Mensch erinnern kann und von dem kein Stein mehr übrig ist, der soll mit denkmalpflegerischer Hilfe klammheimlich schwarzgeschlachtet werden: Auferstanden aus Ruinen!

Wissen Sie, wozu es Werbesatzungen in unseren Städten gibt? Wen überkam nicht beim ersten Besuch der neuen Bundesländer das Glücksgefühl, einmal auf Plätzen und Straßenräumen zu spazieren, die noch nicht die Spuren der Vernichtung des letzten Reklamefeldzugs trugen: jeder gegen jeden! Warum und wozu? Keiner braucht die Werbung nötiger als die Werbung. Aber es geht auch ohne Neonfaschismus und ohne die Eskalation des Lichtes. Geht mal durch Weimar bei Nacht: ein Lichtblick in der Finsternis. Ein dreifach Hoch für Weimar und seinen Stadtrat. „Man glaubt gar nicht, was man alles nicht braucht" sagt Reiner Kunze.

Man weiß nie, wo es ausbricht, das Gelbfieber, oder an welcher Farbe sich „Fassadengestalter" gerade angesteckt haben. Im Westen schienen die farbenfrohen Großorgien, mit denen man Nilpferde hätte vertreiben können, fast vorüber – vielleicht auch nur, weil unter den hermetisch abgeschlossenen Häuten der Dispersionsfarben inzwischen der ganze Putz verfaulte. Und nun geht es da drüben los. Die neue Farbigkeit schreit durch die Lande und belästigt Auge und Psyche. Man kann die Fährte der „Farbexperten" an ihren penetranten Losungen schon von weitem sehen in der Landschaft, nur darf man ihnen nicht zu nahe kommen! Gibt's nicht Gesetze gegen Geruchs- und Geräuschbelästigung? Läßt man bei geöffnetem Fenster seinen Lautverstärker donnern, kann man bestraft werden. Aber den kann man wenigstens abstellen. Architektur nicht. Sie ist unheilbar öffentlich.

Der Staat läßt auf Zigarettenpackungen drucken, daß Rauchen der Gesundheit schade, und Gift in den Speisen bekommt ein extra Sternchen auf der Menükarte. Wie wär's mit einem Dosenaufdruck: Giftige Farbe! Vor visueller Umweltverschmutzung wird gewarnt! Wer das Recht erhält zu bauen, der muß die Privatheit anderer Menschen respektieren und darf nicht gegen die Interessen der Allgemeinheit verstoßen. Aber wir brauchen ja gar keine neuen Gesetze. Wir müssen nur anwenden, was wir seit 1949 haben: Grundgesetz § 14,2. Sozialbindung des Eigentums.

Wie Wagenburgen stehen nun im Weichbild unserer ostdeutschen Städte steuerbegünstigte Bastlerparadiese, Supermärkte, Gewerbeparks, und Freizeiteinrichtungen, die – weil sie an den Rändern liegen – Zentren heißen. Noch sind die Bürgermeister stolz auf diesen wirtschaftlichen Belagerungszustand und auf die Tausende von Quadratmetern Bürofläche, die in ihren Städten geplant oder im Bau sind und beten, daß sie sich auch füllen mögen. Doch keine Sorge: wenn die Investoren Pleite machen, dann garantieren die Verlustabschreibungen für sie gleichwohl noch einen Reibach.

Wofür man nach dem Krieg im Westen zwei bis drei Jahrzehnte brauchte, das soll nun über Nacht in Ostdeutschland aus dem Boden gestampft werden. Vor dreißig Jahren stellten wir in einer kritischen Ausstellung „Heimat Deine Häuser" im Rückblick auf den deutschen Wiederaufbau resigniert fest: „Aufbauwille hat die Planung überrollt. Chance verpaßt – rettet den Rest." Vor dreißig Jahren West.

Dabei könnte manches schneller gehen. Warum dreht sich die Achse Bonn – Berlin seit Jahren schon im Leerlauf? Debatten über den Regierungsumzug sind Armutszeugnisse. Brauchbare Vorschläge für eine baldige Unterbringung der notwendigen Einrichtungen des Bundes lagen in kürzester Zeit auf dem Tisch. Sie wurden übergangen und scheiterten an Bequemlichkeit und Beamtenarroganz: Igittigitt, in einen DDR-Bau einziehen und gar auf einem Stuhl sitzen, auf dem vielleicht zuvor schon ein real-existierender Sozialist saß? Die Diskussionen über den Reichstag waren trotz eines engagierten Wettbewerbs frustrierend und gelegentlich von atemberaubender Unbildung begleitet. Vielleicht sollte man die Entscheidung über den Wiederaufbau der Kuppel besser auch an das Bundesverfassungsgericht verweisen? Wieviel politischer Asbest wurde aufgewirbelt, um den vorgesehenen Abriß des Palasts der Republik in Berlin als Notschlachtung deklarieren zu können! Dafür kann man sich wenigstens über die Jahrmarktskulisse des Berliner Schlosses noch ein bißchen streiten und fragen, wie sich denn die Errichtung einer nutzlosen Imitation ohne Identifikationswert für die heutige Gesellschaft legitimieren ließe. Vielleicht als touristische Attraktion und Seiko könnte eine Uhr stiften, die täglich um 12 Uhr den Kaiser aus dem Fenster winken läßt. So wenig wie die Frankfurter Römerberg-Bebauung hätte der Schloßaufbau etwas mit Denkmalpflege oder Baukultur zu tun. Aber man soll die Hoffnung auf die Heimkehr der Vernunft nie aufgeben; auch wenn's den Leuten noch so gut gefällt.

Aber so ernst scheint man es in Bonn mit den Bekenntnissen zur Baukultur ja auch nicht zu nehmen. Vom Bundesbauministerium jedenfalls ist nur bekannt, daß es sie fördert, indem es seine kompetenten Ratgeber schlechter bezahlt, als jede Kleinstadt auf der Schwäbischen Alb und Ministerien anderer Bundesländer „anweist", ähnlich zu verfahren. Kultur ist doch noch Ländersache, oder? So wollen wir's auch weiter halten und uns nicht diktieren lassen, was Länder, Städte und Gemeinden sich Kultur kosten lassen dürfen. Vom deutschen Beitrag für Sevilla war auch nichts Rühmliches zu erfahren, außer daß der Pavillon am Ende doch nicht billiger war, als das abgeschossene Wettbewerbsprojekt, mit dem die

Bundesrepublik hätte ein Beispiel geben können. Doch hat man je davon gehört, daß man sich dort einmal um Einflußnahme bei der „Treuhand" gekümmert hätte? Was hat die Treuhand denn mit Baukultur zu tun, so wird man fragen? Ja eben. Dort wurden und werden schließlich durch die Vergabe von Grundstücken und Nutzungsrechten Entscheidungen allein nach kaufmännischen und juristischen Gesichtspunkten getroffen, die von weitreichenden Folgen für die künftige Stadtentwicklung sind und in das Landschaftsbild eingreifen werden, eine Neuaufteilung der Welt ohne die Mitwirkung der besten Regionalplaner, Ökologen, Landschaftsgestalter, Stadtplaner und Architekten? Wo wären sie wohl nötiger gewesen als hier, wo mit der Übereignung ja nicht nur Preise vereinbart, sondern auch Nutzungsdichten- und -arten versprochen und vergeben werden? Man kann wohl davon ausgehen, daß die Treuhand ihre undankbare Arbeit mit der bekannten Effizienz erledigt hat, von der der Dichter Paul Celan einmal gesagt hat: „Die Deutschen denken nicht, sie führen aus."

Wäre denn sonst gar nichts Erfreuliches zur Baukultur zu sagen? Aber gewiß. Vor dreißig Jahren hätte man ein Flugzeug gebraucht, um die paar herausragenden Bauten in einem riesigen Meer von Mediokrität auszumachen. Das öffentliche Bauen hat heute ein Niveau erreicht, das trotz aller Kritik an Einzelfällen von beachtenswerter Qualität ist. Das gilt vor allem für die Bauten der Öffentlichen Hand, nicht nur in größeren Städten, sondern gerade auch in den kleinen Gemeinden der Provinz: Kindergärten, Schulen, Sportbauten, Gemeindezentren, Büchereien, Rathäuser, Mehrzweckhallen – Bauen in der Demokratie. Man gab sich allenthalben Mühe um selbstverständliche Antworten, abseits von allen ideologischen Dogmen und mit Erfolg. Auch Unternehmen, Sparkassen, Verbände, Gewerbe- und Industriebetriebe haben sich zunehmend um die Verbesserung ihres Erscheinungsbildes gekümmert und sich dazu immer häufiger des öffentlichen Wettbewerbs bedient. Sie sollten dabei bleiben, unbeschadet dirigistischer Normierungen durch die EU, die keine Förderung von Architekturqualität erkennen lassen.

Stellt Euer Licht nicht unter den Scheffel! Und darum sei es hier gesagt: Was Tausende von Architekten in Tausenden von Wettbewerben aus freien Stücken und mit hohem finanziellen Einsatz trotz geringer Gewinnchancen leisten und geleistet haben, ist ein in der Öffentlichkeit viel zu wenig gewürdigter Beitrag zu einer möglichen Baukultur. Sie haben das ihrige getan. Mögen sich andere daran ein Beispiel nehmen.

Gerade dadurch wird das Gefälle zu den Niederungen der Alltagsarchitektur um so deutlicher sichtbar. Stichwort: Investorenarchitektur. Das Wort ist ungerecht, gibt es doch viele, die sich auch des Wettbewerbs bedienen, auch wenn nicht immer ganz aus freien Stücken. Doch bei allem Respekt für Unternehmergeist und wirtschaftliches Engagement: die Gestaltung unserer Umwelt wird zunehmend von Gruppen bestimmt, die nur noch danach fragen, was „sich rechnet". Ihre Erzeugnisse sind jedoch keineswegs billig im Preis, im Gegenteil. Mit billig kann wohl nur das Aussehen jener Parvenü-Architektur gemeint sein, die noch schlimmer aussieht als die dilettantischen Zeichnungen der Werbeprospekte befürchten lassen. Die Berufung auf den vorgeblichen Geschmack des Publikums, als Vorbedingung für die Verkäuflichkeit der Objekte, muß als Beleidigung aufgefaßt werden. Er ist meist nur das Abbild der eigenen Statusvorstellungen. Ein Hausbesuch empfiehlt sich. Dasselbe gilt für die aufgedonnerten Talmiausstattungen bekannter Hotelketten nach dem Geschmack der Hausherrin. Der sogenannte persönliche Geschmack ist ein sozialer Prozeß, der viel mit Selbstdarstellung und Anerkennung zu tun hat, fast nichts mit Qualität. Weshalb die meisten Menschen sich eher zu einem Raubmord bekennen würden, als zu einem schlechten Geschmack. Geschmack ist verfeinertes Unterscheidungsvermögen. Nicht jeder ist ein Weinkenner, weil er täglich seinen Schoppen trinkt. Nur weil er gerade in der Branche tätig ist, wächst dem Investor noch lange keine Kompetenz in Geschmacks- und Gestaltungsfragen zu, wohl aber Verantwortung. Nur fehlen ihm gerade die Voraussetzungen um zu erkennen, woran es hapert.

Im Wohnungsbau ist's nicht viel anders. Während noch bis in die 70er Jahre geschlossene Wohnsiedlungen von hoher Qualität nach einem Gesamtkonzept gebaut werden konnten, muß man heute danach suchen. Es ist als hätte sich alles umgekehrt. Der Wunsch des Eigenheimbesitzers nach Individualität führt zu jenen kollektiven Fehlleistungen, die die meisten Wohngebiete an den Stadträndern so unerträglich machen, falls man nicht schon längst vor der Massierung spießbürgerlicher Geschmacklosigkeiten kapituliert hat. Es fehlt an Bescheidenheit und Angemessenheit, denn unsere späte Industriegesellschaft wird davon bestimmt, mehr zu scheinen als zu sein. Das hat seine Ursachen und braucht hier keinen Nachweis. Der Anschein ist zum käuflichen Objekt geworden. Da aber das Unterscheidungsvermögen zwischen echt und unecht fehlt und es auch gar nicht mehr drauf ankommt, haben pflegeleichte Holzimitationen auf Kunststoffolien, Stuckkassetten aus Styropor oder Mauerwerk zum Aufkleben Konjunktur. Man kann den Schwindel riechen. Er wird ja nicht einmal verheimlicht, denn der Dealer dieser Droge bestätigt zynisch noch den Unwert, wenn er etwa besondere Stücke mit dem Prädikat „Echtholz" auszeichnet. Damit ist auch gesagt, was das andere nicht ist.

Dabei ist kein Material von sich aus häßlich oder schön. In der Erkenntnis seiner Eigenschaften und der ihm gemäßen Verarbeitung liegen seine Qualitäten. Alle Versuche, einem Material den Anschein eines anderen zu geben, um damit einen höheren Wert vorzutäuschen, werden deswegen so rasch als Fälschung durchschaut. Womit das Gegenteil erreicht wäre. Ein gepreßter Mauerstein der so tut als käme er aus dem Steinbruch, ist nicht nur ein falscher Hase, er würde auch die gesamte Verwandtschaft denunzieren.

So billig die Produkte, so auch die Werbungen, die morgens aus der Zeitung fallen und uns die Briefkästen und neuerdings das Faxgerät verstopfen. Weiß man denn nicht, daß Architekten alles, was so kommt meist ungeöffnet zum Express-recycling freigeben? Ein Blick reicht. Aber vielleicht sind gar nicht wir gemeint, sondern die Abhängigen, die jener Droge bedürfen, die ihnen bilderreich die Illusion von Wohlstand und Anerkennung suggeriert? Daß einige Fachzeitschriften sich unter diesen Dealern befinden, alles nehmen ohne Unterschied, ist schwer begreifbar. Sie könnten doch gleich die 90%, die gleich verschwinden, für andere Branchen freigeben: Kontaktanzeigen, Haarwuchsmittel, Hundefutter, Schlankheitsdragees und dergleichen. Es würde uns nicht nur Konflikte mit unseren ethischen Zielen ersparen, sondern den Inserenten selbst noch vor produktschädigender Werbung schützen.

Keine Frage. Wer wählen muß, muß unterscheiden können. Architekten und Bauhandwerk sind daher stets auf gute inhaltliche Information angewiesen. Architekten identifizieren sich mit den Baustoffen, die sie gern verwenden. Sie wollen, daß sie sich auch angemessen repräsentieren. Länder, Städte, Industrie und Architektenverbände verleihen Auszeichnungen für vorbildliche Bauten an Architekten, Bauherrn, Kritiker, Studenten. Warum nicht einen Preis für die besten Firmeninformationen? Ich könnte mir zum Beispiel eine gediegene Broschüre vorstellen, vielleicht im Querformat, die durch erstklassige Architekturaufnahmen von erstklassigen Bauten mit erstklassiger Typographie über ein erstklassiges Material informiert. Dazu, statt riesiger Weihnachtskalender

mit Alpenglühen und glücklichen Kühen so ein handliches Taschenbuch, mit all den Informationen, die man bei der Arbeit braucht, ein paar Details vielleicht, wie man die Tücken neuer Vorschriften überwinden kann, weiter nichts, in frischen Farben, etwa Hellblau-Weiß. Wäre das nicht ein prämierungswürdiger Vorschlag – und ein guter Beitrag zur Baukultur? Wenn alle miteinander und nicht nebeneinander oder gegeneinander sich um die höchste Qualität bemühen, könnte es gelingen Gültiges für heute und für die Zukunft zu schaffen, denn alle sind verantwortlich für Baukultur! Zu aller Wohl, falls sich das noch nicht von selbst versteht.

Max Bächer

Auswahl

25 ausgewählte Architekturbeispiele
aus 25 Jahrgängen KS Neues, 1969–1994

Wohngebiet „Baumgarten" in Karlsruhe-Rüppurr

Ausgezeichnet mit einem ersten Preis im
KS-Wettbewerb 1970

Architekten: Werkgemeinschaft Freie Architekten
Karlsruhe
Planung und Oberleitung: Paul Schütz
Bauleitung: Martin Lanz

Publikationen:
aw 7/68
db 3/71

Das 1963 geplante und seit vielen Jahren fertig-
gestellte Wohngebiet „Baumgarten" liegt im Süden
von Karlsruhe, am Südrand des Stadtteils Rüppurr,
mit freiem Blick auf die Ausläufer des nahe gelegenen Schwarzwaldes.
Gymnasium, Sportanlagen und Freibad von Rüppurr
sind von der Baumgarten-Siedlung in ca. 10 Geh-
minuten zu erreichen. Es besteht eine Straßenbahn-
verbindung mit der City und ein nahegelegener
Anschluß an die Autobahn Frankfurt – Basel – Stuttgart. Das Wohngebiet hat keinen Durchgangsver-
kehr. Außerdem wurde eine weitgehende Trennung
von Fahr- und Fußgängerverkehr realisiert: Fahr-
verkehrserschließung von außen, inneres Fußwege-
netz mit Anschluß an die Gemeinschaftseinrich-
tungen im Siedlungskern. Von den ursprünglich
geplanten Gemeinschaftsanlagen wurden nur ein

Kindergarten und eine Ladenzeile ausgeführt.
Die Wohnbereiche der Siedlung bestehen aus einer
Bebauung von Hochhäusern, Mittelhochbauten
und vor allem aus verdichtetem Einfamilienhausbau
auf Grundstücken von 180 bis 350 qm. Einzelne
Wohnbereiche gruppieren sich hierbei um abwechslungsreich gegliederte kleine Plätze, auf denen
sich die Fußwege kreuzen. Da die Gartenhöfe der
Flachbauten nach innen gekehrt sind, konnte man
die üblicherweise zur Straße hin gelegenen Gara-
genfronten vermeiden. Bei dem vorgestellten
Siedlungsbeispiel ist eine hohe Bebauungsdichte
auf glückliche Weise mit einer wohlüberlegten Ab-
schirmung aller privaten Zonen durch Hofmauern,
Sichtblenden und Bepflanzungen verbunden.
So vereinigen sich hier städtebauliche und wirt-
schaftliche Vorzüge mit einem angenehmen Wohn-
klima und Möglichkeiten zu menschlichen Kon-
takten, die von den Bewohnern gerne angenommen
werden.
Die Häuser sind größtenteils aus weiß gestrichenem
Kalksandstein-Sichtmauerwerk errichtet. Als oberen
Abschluß zeigen sie Sichtbetondecken. Die Holz-
teile aus dunkel lasierter Oregonkiefer stehen im lebhaften Kontrast zum hellen Mauerwerk.
Heute, 25 Jahre nach ihrer Errichtung, ist diese
Siedlung in wohltuender Form völlig eingegrünt.

Die Baumgarten-Siedlung zeigt ein gestalterisch bemerkenswert homogenes, harmonisches Gesamtbild. Neben den wiederkehrenden typischen Architekturformen trägt die geglückte Integration der privaten Höfe und öffentlichen Platzräume in die Bebauung mit Hilfe eines durchgängigen Materials, wie hier KS-Sichtmauerwerk, zum positiven Architekturergebnis bei.

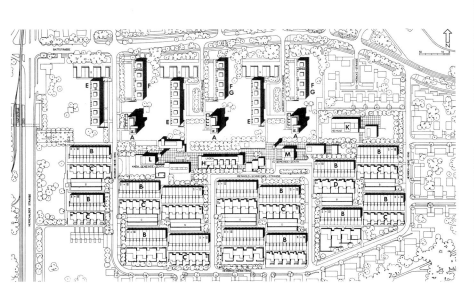

Die Fotos der vorhergehenden Seiten geben das Siedlungsbild kurz nach seiner Fertigstellung wieder. Ohne Grün, nackt, kühl und typisiert präsentiert sich die Neubebauung.

Auf diesen Seiten nun Bilder vom heutigen Zustand. Was für eine überraschend schöne Metamorphose ist in den 25 Jahren seit Bestehen der Siedlung an ihren Häusern, Wohnhöfen und Plätzen vonstatten gegangen!

Rasen, Blumen, Sträucher und Stauden in Vorgärten, Efeu, wilder Wein und Feuerdorn an Wänden; Kirschlorbeer, Birken, Koniferen auf Höfen und Plätzen haben das einstige Bild gänzlich verwandelt. Nur die einheitliche Architektur aus hellen KS-Mauern vermag die überbordende Vielfalt individueller Bewuchsformen zu bändigen.

Eine gelungene Reprise der alten Gartenstadt im neuen Stil!

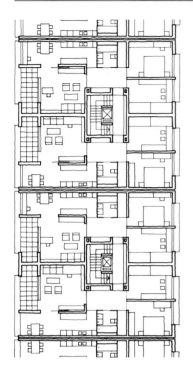

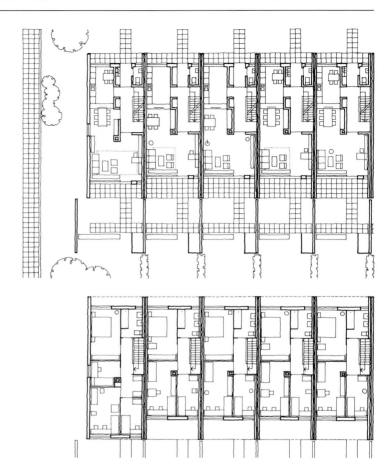

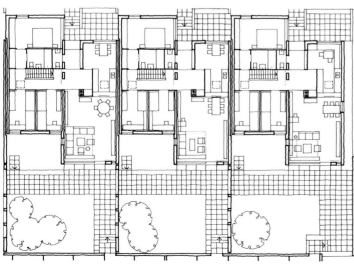

Landhaus in Dreieichenhain

Architekt: Jochem Jourdan, Dreieichenhain

Das Landhaus für einen Kunsthändler steht in einem bewaldeten, heute nicht mehr genutzten alten Steinbruch. Es fügt sich in seiner baulich-räumlichen Gliederung in eine drei Meter hohe Geländewelle ein und nimmt hierbei Rücksicht auf die vorhandenen großen Bäume. Der Gelände-bewegung folgend, wurden mehrere sich durchdringende Wohnebenen um einen vertikalen Treppen- und Kaminblock gestaffelt, der sich mit seinem Steinkorpus aus dem Gebäudezentrum in die Höhe entwickelt. Die so sich bildende „Steinlandschaft" wird mit einer formal differenzierten Pulthaube aus dunklem Holz überdacht. Durch diese Konzeption entstehen diagonale Raumbeziehungen, die es er-lauben, Bilder und Plastiken von unterschiedlichen Punkten des Hauses zu betrachten. Gleichzeitig werden auf diese Weise die einzelnen Wohnbereiche optisch erweitert und in ihrer räumlichen Eigenart betont. Die besonderen Umgebungsbedingungen, die Topographie und Landschaft, kommen im Wechselspiel zwischen innen und außen architek-tonisch zum Tragen.
Die Beschränkung auf einige wenige Materialien
unterstreicht den schichtenförmigen Aufbau des Hauses. Verwendet wurden Sichtbeton, weiß gestri-chenes KS-Sichtmauerwerk und „Van-Dyck-Braun"-behandeltes Holzfachwerk. Bei der Anwendung dieser Baustoffe wurde auch im Detail gestalterisch mit Durchdringungen gearbeitet. Das tragende, modular gerasterte Holzfachwerk wurde auf Mauer-kronen mit Rollschichtabdeckung gestellt. Die Rasterung des Fachwerks bedingte einheitliche Fenster- und Türgrößen, gleiche Brettlängen, Span-plattengrößen, Schalungsflächen, was insgesamt zu einer ästhetisch homogenen Architektur führte. Die Möbel sind partiell als Raumteiler aus variabel nutzbaren Schrankelementen zusammengefügt. Sie sind farbig gebeizt und bestimmen durch ihre spezifische Farbgebung die unterschiedlichen Wohnbereiche.
Insgesamt gesehen ist schließlich ein ästhetisch lebendiges, im Habitus dennoch zeitlos modernes Wohngebäude entstanden, das auch heute, 25 Jahre nach seiner Entstehung, nichts von seiner Qualität verloren hat.
Das betrifft nicht nur die vorzüglich gelungene Einfügung des Bauwerks in die parkähnliche Land-schaft und die reizvollen Wohnmöglichkeiten im Innern des Hauses, sondern vor allem auch die Dauerhaftigkeit der Gebäudekonstruktion.

Publikationen:
Das Haus 6/71
DBZ 2/74
Offene Wohnformen
— DBZ Baufachbücher, 1976
Neue Wohnhäuser
— A. Koch Verlag, 1982

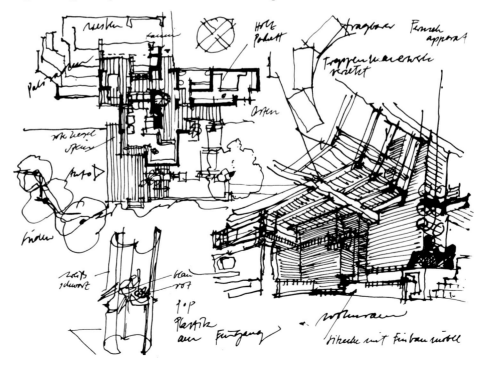

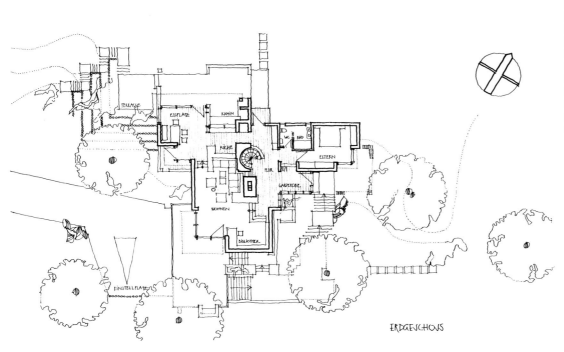

ERDGESCHOSS

Die ästhetische Disposition des Bauwerks in eine Steinbruchlandschaft: Die bewegte Silhouette der aufgehenden Wände aus hellem KS-Mauerwerk nimmt von unten her Bezug auf zu dem hier bodenständigen Massiv-Gestein. Das leichte Holzwerk der Dächer korrespondiert oben mit dem luftigen Geäst der umgebenden Bäume.

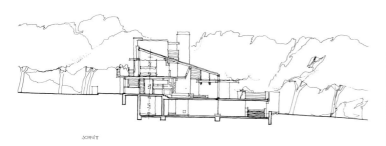

SCHNITT

ANSICHT VON DER STRASSE

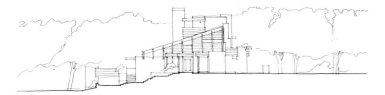

NORDOST · ANSICHT

NORDWEST · ANSICHT

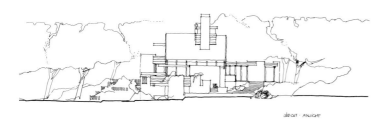

SÜDOST · ANSICHT

Im Innern des Gebäudes ebenso wie außen spiegeln sich die ehemaligen Steinbruchschichtungen deutlich wider. Innen beleben sie in Form wohlabgemessener Niveausprünge das Raumgefüge; außen gliedern sie als terrainadäquate Staffelungen plastisch das Bauvolumen.
Das Resultat: Eine skulpturale, wie gemeißelt wirkende Architektur von eigenwilliger unverwechselbarer Identität.

Kindergarten in Bissone, Tessin

Architekt: Dolf Schnebli, Zürich
Mitarbeiter: Ernst Engeler

Der für 35 Kinder zwischen 4 und 6 Jahren geplante Kindergarten stellte den ersten Bauabschnitt eines kleinen Schulzentrums für Bissone am Luganer See dar. Die zweite Realisierungsphase umfaßt eine weitere Kindergarteneinheit, eine Grundschule mit 6 Klassen und eine Turnhalle. Zum pädagogischen Programm des Kindergartens gehört der gesamte Tagesablauf der Kinder, von morgens 9 bis nachmittags 16 Uhr, mit Waschen, Spielen, Turnen, Tischdecken, Essen, Ruhen, Einzel- und Gruppenbeschäftigung. Der Bau wurde für einen steil nach Westen abfallenden Hang auf drei Ebenen konzipiert. Auf der unteren Ebene befinden sich der gedeckte Spielplatz im Freien, der Haupteingang, ferner Haustechnik- und Abstellräume.

Auf der mittleren Ebene sind Garderobe, Waschraum, Toiletten, der Raum für ruhiges Arbeiten und Spielen, Puppennische und der durch eine Schiebetür abtrennbare Saal für Turnen, Spiel und Mittagsruhe angeordnet. Auf der oberen Ebene liegen der Eßraum als Galerie des doppelgeschossigen Arbeitsraumes und die Küche. Alle drei Ebenen haben unmittelbare Verbindung zum Außenraum. Decken und Wände wurden stellenweise so wie das Holzwerk von Fenstern und Türen weiß, blau, grün und rot gestrichen. Das helle Grau des Sichtbetonskeletts und des Kalksandsteinmauerwerks in Verbindung mit der intensiven Farbgebung der erwähnten Bauteile und dem Naturholzboden geben den Innenräumen eine spielerisch-wohnliche Note.
Das äußere Erscheinungsbild des Kindergartens fügt sich, verstärkt durch die inzwischen erfolgte üppige Begrünung, harmonisch in die umgebende Hanglandschaft ein.

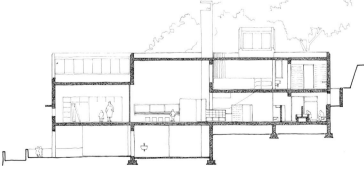

Der Kindergarten ebenso wie die auf nebenstehendem Foto abgebildeten Schulgebäude des zweiten Bauabschnittes zeichnen sich durch ihre materialkonsequente und in den Fassaden klar ablesbare Skelettektonik aus. Die im Grund- und Aufriß entsprechend der Hanglage bis ins Detail differenzierte Baukörperausformung bewirkt eine sich unaufdringlich in die Tessinlandschaft einfügende Architektur.

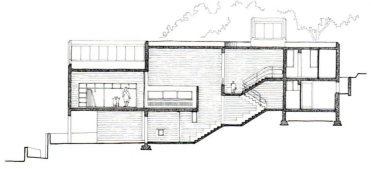

Viele Jahre nach seiner Errichtung ist ähnlich dem benachbarten Felshang der Kindergarten innen wie außen von Grün überwuchert.

Die ehemals harte Baukontur ist einer weichen Silhouette gewichen.

Schattenspendende Bäume und Sträucher machen auch bei heißer Sonne den Kleinen das Spielen und gemeinsame Essen im Freien angenehm.

Gemeindeakademie in Rummelsberg bei Nürnberg

Architekten: von Busse und Partner, München
Hans Busso von Busse,
Heinz Blees,
Roland Büch,
Niels Kampmann

Publikationen:
Bauen + Wohnen 12/73
DBZ 5/75
AW 4/79

Die Akademie in Rummelsberg ist eine kirchliche Einrichtung, in der ganzjährig mehrtägige Seminare, Lehrgänge, Konferenzen usw. stattfinden. An diesen Veranstaltungen nehmen Menschen verschiedenster Altersstufen aus allen Schichten der Bevölkerung teil. Hier werden nicht nur Probleme konfessioneller, sondern u. a. auch sozialer, gesellschaftspolitischer, musischer und medizinischer Art behandelt. Die Akademie bietet ihren Teilnehmern während der Veranstaltungsdauer Raum für Unterkunft und Verpflegung und fördert durch besondere räumliche Gestaltung die Anknüpfung menschlicher Kontakte.

Die Gesamtanlage liegt an einem flachen Hang am Rande eines Waldes. Sie besteht ihrer unterschiedlichen Funktionsbereiche entsprechend aus drei Teilen: dem Gästetrakt mit der Verwaltung im Erdgeschoß, dem Verpflegungs- und Tagungsbereich mit den erforderlichen Neben- und Wirtschaftsräumen sowie dem Wohngebäude für einige ständige Mitarbeiter und ihre Familien. Die Gebäude mit den zentralen Einrichtungen sind eingeschossig, Wohn- und Gästetrakt 2- und 3geschossig; Größe, Höhe und Zuordnung derselben wurden gemäß ihrer funktionalen Erfordernisse bestimmt. Die Gästezimmer sind in Größe und Ausstattung auf das Notwendigste beschränkt. Dagegen wurden die allgemeinen Aufenthaltsräume wie Halle mit offenem Kamin, Speisesaal, Musikzimmer, Bierkeller usw. großzügig ausgelegt und ausgestattet. Durch reizvolle Wege- und Lichtführung, helle und dunkle Raumzonenbildung, Verwendung weniger, immer wiederkehrender Materialien und Farben wie Kalksandsteinsichtmauerwerk, dunkles Holz, Sichtbeton und Glas, sowie durch Niveausprünge in Fußböden und Decken wurden einladende Räume mit prägnanten Identifikationsmerkmalen geschaffen.

Wie selbstverständlich wird der gebäudeumschlossene Freiraum des ruhigen Innenhofes als räumliche Ergänzung in das Leben des allgemeinen Aufenthaltsbereiches mit einbezogen.

Das Problem der Landschaftseinbindung wurde im Großen geschickt durch Auflösen der Baumasse in eine Mehrflügelanlage gelöst, im Detail mittels plastischer und farblicher Fassadengliederung.

Die formale Gliederung der Fassaden wird bestimmt durch die Staffelung des Baukörpers und die plastische Ausformung der Außenwand – zurückgesetzte Holzfenster und vorspringende Betonsohlbänke – sowie durch den entschiedenen Material- und Farbkontrast der verwendeten Baustoffe, insbesondere von hellem Kalksandsteinsichtmauerwerk und dunklem Holzwerk.

Die Innenarchitektur ist geprägt von der gleichbleibend ästhetischen Behandlung der Räume mit wenigen ausgewählten Mitteln wie: Sichtmauerwerk, vertikal und horizontal unterteilte Fenster, plastisch gegliederte, in Farbe und Material differenzierte Deckenuntersichten sowie gleiche Bodenbeläge innerhalb der verschiedenen Funktionsbereiche.

Anmerkung zum Foto Seite 34:
Die Aufnahme zeigt das Bauwerk viele Jahre nach seiner Errichtung. Die spannungsvolle Architektur fügt sich mit dem herangewachsenen Grün wie selbstverständlich in die sanft geneigte Hanglandschaft ein.

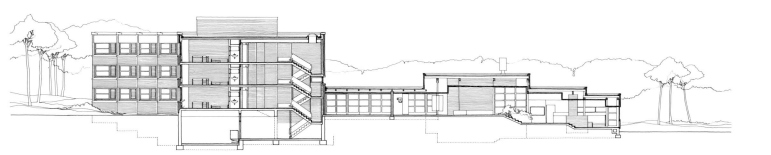

Die Titelseiten der Hefte
KS Neues sind farbig und zeigen
meist durch ungewöhnliche Aus-
schnitte verfremdete Architek-
turdetails, wobei das jeweilige
Bildmotiv der Vorderseite auf der
Rückseite spiegelbildlich weiter-
läuft.
Frühere Ausgaben zeigten
frei erfundene architektonische
Formen oder aber – wie hier
abgebildet – Formspielereien mit
dem Material „Kalksandstein".

2/74 KS
Neues

Neues Bauen in Kalksandstein

Wohn- und Geschäftshaus in Karlsruhe-Bergwald

Architekt: Heinz Mohl, Karlsruhe

Das hier dargestellte zweigeschossige Wohn- und Geschäftshaus ist Teil eines lokalen Laden- und Kommunikationszentrums in Karlsruhe-Bergwald, einem neueren Stadtteil oberhalb von Karlsruhe. Das Gebäude bildet den westlichen Abschluß eines kleinen pergolagedeckten Platzes. Haus und Platz ergänzen sich in Material und Struktur und bilden so eine städtebauliche Einheit.
Im Erdgeschoß befinden sich zwei Läden, deren platzseitige Schaufensterfront geschützt unter einem Arkadengang liegt. Die zu den Läden gehörenden Nebenräume im Erd- und Untergeschoß und die im Obergeschoß angeordnete Wohnung und das Architekturatelier haben getrennte Zugänge von der Anlieferungsseite her. Beiden Hauseingängen sind kleine, von KS-Mauerwerk begrenzte Höfe vorgelagert.
Das Gebäude hat einen sehr einfachen, modular geordneten Doppelhausgrundriß. Drei gemauerte Schotten quer zur Längsachse des Hauses bilden zwei gleichgroße Geschoßflächen. Sie werden durch symmetrisch zur Brandmauer liegende einläufige Treppen erschlossen. Bis auf die innere

Querschotte und die im Zentrum beider Haushälften angeordneten Heizungskamine gibt es keine weiteren tragenden Konstruktionsteile, so daß jederzeit beliebige Raumaufteilungen der Geschoßebenen möglich sind. Durch die Ausbildung von pyramidenförmigen Oberlichtern in der Dachdecke ist eine natürliche Belichtung auch der innenliegenden Räume im Obergeschoß möglich.
Sowohl in der äußeren Erscheinung als auch im Innern kommt die dem Gebäude zugrunde liegende strenge Tektonik zum Ausdruck. Sie wird betont durch die Beschränkung auf die innen wie außen gleichermaßen wiederkehrenden Materialien KS-Mauerwerk, Holz und Glas.
Unübersehbar ist bei der ganzen Anlage die subtile Steigerung der architektonischen Formensprache des Gebäudes von der Anlieferungsseite zum öffentlichen Platz hin.
Die plastische Gliederung der dem Kommunikationszentrum zugewandten Fassade mit ihren sorgfältig profilierten, markanten Arkadenpfeilern und die einheitliche, vertikal betonte Unterteilung der Wandöffnungen mit rippenartigen Holzprofilen geben dem Gebäude in Verbindung mit der davorgelagerten kräftigen Pergolastruktur aus Mauerpfeilern und einem Holzlamellenrost einen unverwechselbaren Charakter.

Publikationen:
Bauwelt 28/29 – 1976

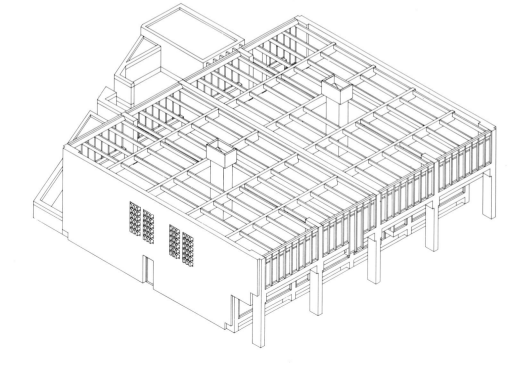

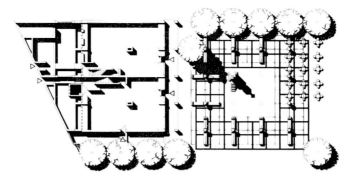

Räumliche und gestalterische Einheitlichkeit von Bauwerk und Platzanlage ist signifikantes Merkmal der vorliegenden Architektur.

Homogenität in Farbe und Material, Struktur und Systemlogik bilden die ästhetische Basis hierzu.

Eigenwillige Proportionen und spannungsvolle Kontraste bewirken weitergehende Differenzierungen bis ins Detail.

Ein eigenwilliges Raumdetail zeigt das Foto unten: Die Schreibnische im Architekturatelier mit der bis auf den Fußboden heruntergezogenen Fensterwand und dem verglasten Erkerboden.
Gestalterische Phantasie und handwerklich sorgfältige Ausführung der baulichen Einzelheiten stellen ein typisches Qualitätsmerkmal innen gleichermaßen wie außen bei dieser Architektur dar. Das allenthalben plastisch gestaltete Mauerwerk bildet angestrebte Bewuchsmöglichkeiten für das belebende Grün.

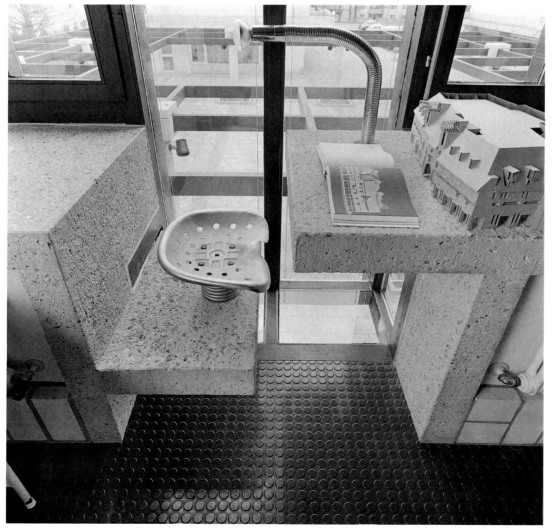

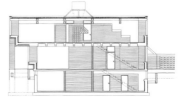

Das Ausstellungsplakat ver-
anschaulicht die gestalterischen
Möglichkeiten und die Formviel-
falt des anpassungsfähigen
Materials Kalksandstein, dessen
Struktur trotz seiner rechtwink-
ligen Elemente selbst in der Run-
dung nicht fremd ist.
Die Ausstellung – als Wander-
ausstellung konzipiert – war in
den Jahren 1973–1976 an folgen-
den Hochschulen zu besichtigen:
Technische Hochschule
Darmstadt,
Universität Karlsruhe (TH),
Gesamthochschule Kassel,
Universität Stuttgart,
Gesamthochschule Paderborn,
Abt. Höxter,
Fachhochschule Bielefeld,
Abt. Minden,
Fachhochschule Münster,
Fachhochschule Karlsruhe,
Fachhochschule Hamburg Nord-
Ost-Niedersachsen, Buxtehude.

Neues Bauen in Kalksandstein

Ausstellung '73 im April, Mai, Juni, Juli
Technische Hochschule Darmstadt
Architekturgebäude, Petersenstraße 1

Foto Klaus Kinold

Reihenhaussiedlung „Höli" in Scherz, Schweiz

Architekten: Klaus Vogt, Jacqueline und
Benno Fosco-Oppenheim, Scherz

Die kleine Ansiedlung „Höli" ist bei Scherz im Kanton Aargau entstanden. Sechs 2geschossige, parallel zu einem flachen Westhang gestellte Reihenhäuser mit je 2 bis 4 Wohneinheiten umschließen in symmetrischer Form eine Art Dorfanger. Dieser baumbestandene Platz ist der gemeinsame Eingangs- und Aufenthaltsraum. Hier befinden sich dem fallenden Gelände angepaßt eine große Terrasse mit offenen Garagen darunter, davor Parkplätze, Sandkästen, Spielgeräte und ein Waschhaus. Darüber hinaus machen eine Heizzentrale, ein selbst gebautes Gemeinschaftshaus, ein Kindergarten, auch für die Kinder des Nachbardorfes und ein kleines Lokal die von 14 Familien bewohnte Reihenhausgruppe zu einer fast autarken Siedlung. Alle Häuser sind mit ihren Längsfronten ostwestorientiert, haben gleiche Haustiefe, variieren jedoch geringfügig in ihrer Länge und im Querschnitt. Teils sind sie mit Pultdach, teils mit Satteldach versehen. Die Architekten gaben lediglich zwei verschiedene Gebäudequerschnitte in Form und Konstruktion, Wohn- und Treppenhausachsen, Fensterelemente, Verkehrszonen sowie bestimmte Kombinationsregeln vor. Die „Höli-Genossenschafter" durften ihre Häuser selbst weiterentwickeln und ausbauen. Das Resultat: Eine Vielfalt von Wohnungsformen, verschieden in Größe, Raumzuordnung, Licht- und Wegführung, jedoch einheitlich in ihrer äußeren Erscheinung durch die Verwendung derselben Materialien: Kalksandstein, Holz und Dachwellplatten. Die Baustoffe wurden in spartanischer Einfachheit verwendet. Es gibt keine „hochstilisierten" Details. Die Leitungen wurden teilweise sichtbar auf den Wänden und Decken geführt. Die Mauern wurden in ihrer Struktur sichtbar gelassen, auch wenn sie in ihrer Ausführung der sonst geforderten „Lupenreinheit" von Sichtmauerwerk nicht überall entsprechen. Die Böden bestehen weitgehend aus geschliffenem Beton, die Untersicht der Ortbetondecken wurde roh belassen; das Holzwerk der Dächer zeigt seine natürliche Farbe. Die nachträgliche „Veredelung" der Rohbauerscheinung einzelner Bauteile bleibt den Eigentümern überlassen. So herrscht im Innern wie auch nach außen eine wohltuend einfache ungekünstelte Atmosphäre. Die sonst für Reihenhäuser typischen, kleinlich wirkenden Zäune, Mauern und Hecken zwischen den Privatgärten sind hier erfreulicherweise nicht zu finden.

Publikationen:
db 11/77
AW 1/79
AA, Okt. 1979
DBZ 2/81
Bauwelt 8/82

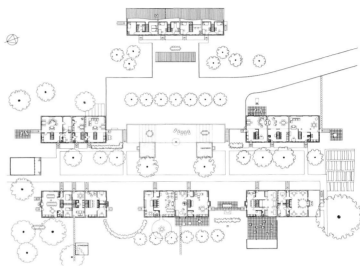

Charakteristisch für das Äußere dieser Wohnbauten sind die Pultdachformen und die über zwei Geschosse geführten schmalen Fensterelemente, die rhythmisch die Länge der Fassaden gliedern und das Typische von Mauerwerksbauten, das Überwiegen der geschlossenen, inzwischen weitgehend üppig begrünten Mauerflächen gegenüber den kleineren Wandöffnungen zur Geltung kommen lassen. Im Innern zeigen viele Räume dieser Häuser eine natürliche malerisch wirkende Wohnatmosphäre. Sie wird bewirkt durch das Zusammenspiel von wenigen Strukturen, Materialien, Farben, von ungewöhnlichem Lichteinfall und durch eine Raummöblierung, die selten den üblichen Klischees folgt.

Wohnhaus in Bad Oeynhausen

Architekt: Hilmar Wiethüchter, Bad Oeynhausen
Mitarbeiter: Walter Noltin, Günter Weltke

Das sehr lange schmale Grundstück liegt in einem Gebiet mit 2geschossiger Wohnbebauung. Demgemäß mußte hier 2geschossig und mit den zulässigen Grenzabständen gebaut werden. Das Resultat ist ein Gebäude mit einem eigenwillig langgestreckten Grundriß von ca. 5 mal 25 Metern mit einbündiger Raumanordnung. Im Erdgeschoß befinden sich aufgereiht neben dem Eingang und der Treppe nach Süden zu: Eßplatz, abgesenkter Wohnraum mit offenem Kamin und Arbeitsraum; die Küche und der Wirtschaftsraum gehen nach Norden. Im Obergeschoß liegen über dem Wohnteil, durch dicke Mauern voneinander getrennt, die Zimmer der Kinder, über dem Wirtschaftsflügel das Elternzimmer mit eigenem Bad. Die Kinderzimmer haben ein eigenes Wohnzimmer und ein separates Duschbad. Den Grundrissen liegt ein Bandraster im Mauerwerksmaß zugrunde. Dieses Raster erstreckt sich auch auf die Außenanlagen und spiegelt sich als formales Ordnungsprinzip in der Untersicht der Erdgeschoßdecke wider; im Wohnraum in Form einer Kassettierung, in den übrigen Räumen als

Querrippen. Diese Deckenausbildung bietet neben der Raumgliederung die Möglichkeit, im Obergeschoß, bei eventuell sich ändernden Raumansprüchen, die Trennwände entsprechend dem Raster zu versetzen. Kennzeichnend für dieses Haus ist außer dem einfachen und äußerst disziplinierten Grundriß der Gebäudeschnitt: Der 2geschossige Baukörper wird nach oben von einem ausladenden, als „Regenschirm" angelegten Satteldach abgeschlossen. Dessen Dachüberstände wiederholen sich auf Höhe der Erdgeschoßdecke in Form von umlaufenden Balkonen. Die Geländerpfosten dieser Umgänge sind mit den Sparren zangenförmig verbunden und bilden so einen medialen Raum zwischen der eigentlichen Hauswand und dem Außenraum. Diese Baukörperausbildung schützt nicht nur die Fassade vor Regen und Sonne und ermöglicht die völlige Eingrünung des Gebäudes, sondern verleiht dem Haus auch Plastizität, Tiefe und ein unverwechselbares Aussehen.
Die Eigenart des Erscheinungsbildes wird noch durch die unterschiedliche Farbbehandlung des KS-Sichtmauerwerks unterstrichen: Das Obergeschoß wurde weiß, das Erdgeschoß dunkelblau gestrichen – und zwar innen ebenso wie außen. Eine sympathische Architektur, die bodenständige Bauformen neu interpretiert.

Publikationen:
ac 102, 1981
Neue Wohnhäuser
— A. Koch Verlag, 1982
die Kunst 3/83

Die enge Verzahnung von Innen
und Außen stellt ein typisches
Merkmal dieser Wohnhausarchitektur dar. Sie wird erreicht
durch raumöffnende Fenster-
Elemente sowie durch modulare
und materialmäßige Gleichbe-
handlung innerer und äußerer
Bauteile.
Es gelingt damit letztlich, die
innenräumliche Einengung des
Hauses infolge der Schmalheit
des Grundstücks zu überwinden.
Eine wichtige ästhetische Funktion erfüllt hierbei die vermit-
telnde Raumzone der fassaden-
schützenden Umgänge.

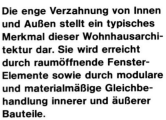

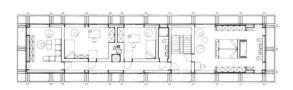

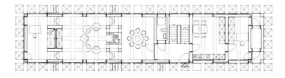

Überbauung Lorraine in Burgdorf, Schweiz

Architekten: Atelier 5, Bern

Unterhalb der vielbefahrenen Bahnstrecke Zürich–Bern liegt eine kastellartige Wohnbebauung. Sie besteht aus 6 zusammenhängenden, im Lageplan etwas gegeneinander versetzten Baukörpern. Diese umschließen einen rechteckigen Innenhof, der sich lediglich nach Süden etwas zur nahe vorbeifließenden Emme öffnet. Außerdem wurden die Außenfassaden aus schalldämmendem, weitgehend geschlossenem KS-Sichtmauerwerk erstellt und eine räumlich interessante Erschließungsform gewählt, die keinerlei Verkehrslärm mehr von außen in den Innenhof hereinläßt. Die Anliegerzufahrt erfolgt hierbei von der nördlich vorbeiführenden Straße. Die Autostellplätze befinden sich im Freien auf dem Gelände unterhalb des Bahndammes bzw. unter der westlichen Gebäudereihe in einem offenen Untergeschoß, von wo aus man über Treppen oder Rampen ein Geschoß höher in den internen Wohn- und Erschließungshof gelangt. Seine Wohnung betritt man von hier aus entweder über ein kleines, der Erdgeschoßwohnung vorgelagertes Privatgärtchen oder gelangt über einläufige Freitreppen zwischen den Gebäudetrakten mit anschließenden Laubengängen zu ihr. Eine Fülle von Wohnungstypen und -größen sind in den 3geschossigen Häusern realisiert. Es gibt Ein- bis Viereinhalbzimmerwohnungen; überwiegend in Form von Maisonette- und Laubengangwohnungen. Interessant sind die Wohnungen an den Hofecken. Dort wurden die Grundrisse über Eck geführt, wodurch das Problem der gegenseitigen Sicht- und Lärmbehelligung von Wohnung zu Wohnung vermieden wurde. Die Dachgeschoßwohnungen erhielten als Äquivalent für den fehlenden Vorgarten geräumige loggiaartige Balkone vor den Wohnräumen.

Im Untergeschoß wurden außer den Abstellplätzen für Autos, Fahrräder, Kinderwagen und den Wohnungskellern Schutzräume, die Zentralheizung und ein Bastelraum untergebracht.

An Freizeiteinrichtungen im Freien gibt es im Innenhof einen Grillplatz, des weiteren außerhalb zur Emme hin einen Tischtennisplatz und zwei getrennte Spielplätze, einen für die kleineren und einen für die größeren Kinder.

Eine intensive Begrünung mit Bäumen und Kletterpflanzen an Mauern und Schuppenwänden gibt dem Hofraum mit seiner Vielfältigkeit der Raumeindrücke, mit seiner Maßstäblichkeit und Geborgenheit, eine angenehme Atmosphäre.

Publikationen:
Bauen + Wohnen 2/78
DBZ 9/81

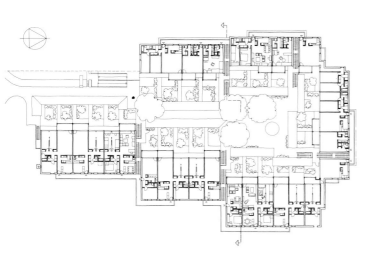

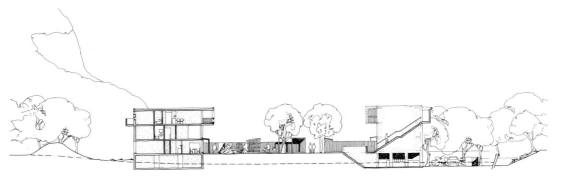

Trotz oder vielleicht sogar gerade wegen der ungünstigen städtebaulichen Voraussetzungen des Grundstücks, vor allem wegen des Verkehrslärms von außen, wurde hier eine kompromißlos moderne Wohnbebauung konzipiert, die in ihrer städtebaulich-architektonischen Charakteristik, ihrer bedürfnisgerechten Wohnungsgestaltung und freiräumlichen Ausformung vorbildlich ist.

Einfamilienhaus mit Büro in Leimersheim

Ausgezeichnet mit einem der fünf Hauptpreise des KS-Architekturpreises 1980

Architekt: Peter Weller, Leimersheim/Rhein

Am Rande der Dorferweiterung mit freistehenden Einfamilienhäusern von sattsam bekannter Konvenienz und „Schicklichkeit" steht das mehrteilige, pultdachgedeckte Haus auf einem ebenen Gelände, das sich durch seine Ufernähe zu einem tiefer gelegenen Altrheinarm auszeichnet. Der günstige Grundstückszuschnitt von 30 mal 40 Metern erlaubte planungsrechtlich ein 1geschossiges Wohnhaus mit einer ausgedehnten Grundrißentwicklung in beide Richtungen. Diese äußeren Gegebenheiten und rechtlichen Möglichkeiten wurden erkannt und ebenso diszipliniert wie eigenwillig zur Konzeption eines sparsamen, situationsgemäßen Einfamilienhauses für die Architektenfamilie mit 4 Personen inklusive Büro ausgeschöpft.
Eine entscheidende Idee als origineller einleuchtender Gedanke lag dabei der gesamten Raum- und Baukörperentwicklung des Hauses zugrunde: Das vorhandene flache, ebene Terrain so zu modulieren, daß einerseits, innen wie außen, eine künst-

liche Erhebung entsteht, von der aus man den Blick auf den tiefer gelegenen Fluß haben und so ein schönes Stück Natur ständig für sich erlebbar machen kann, und andererseits, daß umgekehrt eine Bodensenke entsteht, die, eingefaßt von eigenen Gebäuden bzw. Mauern, uneinsehbar von den Nachbarn und Straßenpassanten, einen intimen, geborgenen Hofraum für das Familienleben im Freien schafft. So erklären sich die Lage des Hauses auf dem Grundstück, Grundrisse, Schnitt und Ansichten von selber.
Zu erwähnen bleibt noch das Nebengebäude. Es vervollständigt die Anlage einer Haus-Hof-Bauweise, wie sie im ländlichen Raum der Pfalz immer schon üblich war. Über einen eigenen Eingang von der Straße erreichbar, stellt es heute als Architekturbüro eine vollständige autarke Nutzungseinheit dar. Mit der separaten Heizung, mit Bad, Kochnische und Abstellraum könnte es eines Tages sogar ein völlig selbständiges kleines Wohnhaus, eventuell das auf dem Lande übliche ebenerdig gelegene „Altenteil" sein.
Der zwischen dem Neben- und Hauptgebäude muldenförmig abgesenkte Innenhof ist durchgehend gepflastert, zur Straße wie zum Garten hin durch Mauern klar gefaßt und durch Rubinien als attraktiver Freiraum gestaltet.

Publikationen:
AIT 1/82
db 11/83

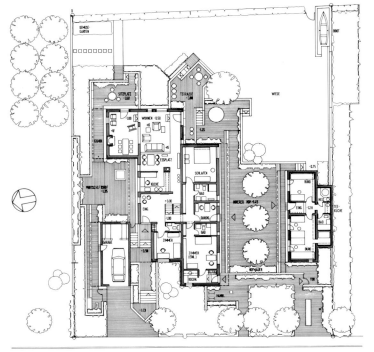

Das lebendige Relief ziegelroter Pfannendächer, die zurückhaltende Ornamentik des hellen KS-Sichtmauerwerks, das üppige Grün der Rubinien und des wilden Weines an den Hauswänden schaffen zusammen ein Gesamtbild von hohem ästhetischen Reiz, der kennzeichnend für hier verwirklichte Freiraum- und Architekturqualität ist.

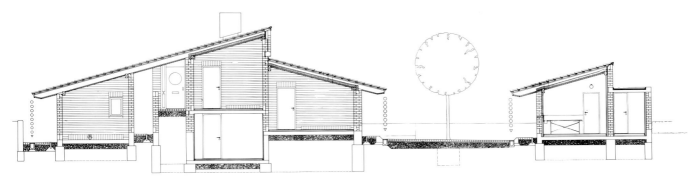

Der intime, von fremder Einsicht geschützte Wohnhof zwischen Schlaftrakt und Nebengebäude mit seinen schattenspendenden Kugelrubinien. Eine KS-Mauer bildet die Abgrenzung zur Straße. Bemerkenswert sind die den Raumeindruck stark mitbestimmenden tief heruntergezogenen Traufüberstände. Sie bieten hervorragenden Fassadenschutz vor Regen und zu viel Sonne.

Kleingartenanlage „Im Albgrün", Karlsruhe

Architekt: J. A. Heinz Jakubeit, Karlsruhe
Mitarbeiter: Manfred Lorenz
Baubetreuung/Bauleitung: Gartenbauamt
Karlsruhe

Die Kleingartenanlage „Im Albgrün" ist Bestandteil
eines neuen 50 ha großen Stadtteilparks von
Karlsruhe, dessen Gesamtplanung dem Verfasser
ebenfalls oblag.
Der Grundsatz „Freiheit in der Ordnung" lag der
Laubenplanung zugrunde. Um Formvielfalt, persön-
lichen Ausdruck und Identifikation der Kleingärtner
nicht nur bei der Gestaltung der Gartenparzellen,
sondern auch bei den Lauben so groß wie möglich
zu schaffen, wurde ein Höchstmaß an Selbstbe-
stimmung hinsichtlich des Laubenbaus gewährt,
ohne daß dabei im Hinblick auf deren Lage in
einem öffentlichen Park ein optisch störendes
Material-, Farb- und Formenchaos entstand. Dieses
Planungsziel wurde auf folgende Weise verwirklicht:
1. Innerhalb einer gegebenen Zone konnte auf den
ca. 200-qm-Parzellen die Lage und Zuordnung der
nach Größe und Art verschiedenen Lauben von
den Kleingärtnern individuell bestimmt werden.
2. Es standen 4 Lauben unterschiedlicher Größe (8,

10, 12, 14 qm) und Dachform (Pult-, Sattel-, Zeltdach) zur Wahl. Pultdächer wurden nicht gewählt.
3. Es wurden die Bodenplatten, die Laubenskelette
in Form vorgefertigter Holzfachwerke inklusive
Fenster und Türen sowie die Pergola angeboten.
Die Preise der Lauben ohne Ausfachung und Beda-
chungsmaterial betrugen 1975 je nach Dachform
und Größe von 3500,– bis 4000,– DM.
4. Und dieser Punkt ist der wichtigste: Die Kleingärtner konnten die Wandausfachungen, die
Dacheindeckung in Farbe und Material, Gestaltung
und Konstruktion nach Belieben in Eigenarbeit
selbst vornehmen oder nach ihren Wünschen und
Vorstellungen ausführen lassen.
So wurden überraschenderweise bei ca. der Hälfte
aller Lauben KS-Steine anderen zur Auswahl stehenden Ausfachungsmaterialien vorgezogen, vorwiegend als 11,5 cm dickes Sichtmauerwerk oder
vereinzelt auch verputzt. Als Gründe für die Bevor-
zugung von Kalksandstein-Material werden von
den Kleingärtnern genannt: leichte Verarbeitbarkeit
beim Selbstbau, jederzeitige Verfügbarkeit, Dauerhaftigkeit, geringer Unterhaltungsaufwand und vor
allem das helle, gefällige und freundliche Aussehen
der Wände. Es gleicht fast keine Laube der
anderen. Ein vielfältiges und lebendiges, dennoch
einheitliches Gesamtbild ist entstanden.

Publikationen:
Bauhandwerk 2/83

Die gezielte Einbeziehung von Kleingartenanlagen in öffentliche Parks stellt nicht unbedingt eine „Störung", eher eine wünschenswerte Bereicherung der üblicherweise oft etwas streng und „über"-gepflegten Atmosphäre dar. Obendrein verbessert diese Freizeitnutzung noch die „Rentabilität" der städtischen Grünanlagen infolge geringeren Unterhaltungsaufwands.

Die größte und am meisten auftretende Laube ist der quadratische Zeltdachtyp mit einer Grundfläche von ca. 14 qm. KS-Sichtmauerwerksausfachung in Verbindung mit grüner Pappdeckung ist die beliebteste Ausführungsversion; holzverschalte und plattenverkleidete Fassaden in Kombination mit anderen Materialien wie Ziegelpfannen und Wellplatten kommen jedoch auch vor.

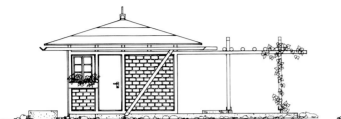

Feuerwehrgerätehäuser in Frankfurt

Architekten: Hochbauamt der Stadt Frankfurt a. M.
Amtsvorstand: Günther Rotermund
Fachbereichsleiter: Jochen Kirchberg
Entwurf und Bauleitung:
Abteilungsleiter: Roland Burgard,
mit Matthias Haß, Christina Ködel, Wilhelm
Pfeiffer, Richard Rühl

Die Stadt Frankfurt am Main hat unter anderem
Anfang der 80er Jahre in ihren Vororten Rödelheim
und Berkersheim den dortigen Freiwilligen Feuer-
wehren neue ansehnliche Gerätehäuser nach gleichem Grundprinzip, quasi als standardisierten
Bautyp eigener Signifikanz, erstellen lassen.
Diese Gerätehäuser bestehen aus jeweils zwei
pavillonartigen, verschieden großen, im Grundriß
quadratischen und im Erscheinungsbild fast identi-
schen Gebäudekuben aus hellem KS-Sichtmauerwerk mit jeweils eigenem Zeltdach und abschlie-
ßender Glaspyramide als bauliches i-Tüpfelchen.
Auf den ersten Blick und rein äußerlich gesehen,
mag zwar die gewählte archetypische Bauform für
einen so profanen Zweck, wie das Abstellen von
Löschfahrzeugen im größeren Trakt und die Unterbringung von Unterrichtsräumen, Mannschaftsum-

kleiden, Toiletten, Geräten etc. im kleineren Bau,
architektonisch etwas zu anspruchsvoll erscheinen. Bedenkt man jedoch, welche wichtigen Aufgaben zum Wohle des Gemeinwesens von diesen
Gebäuden aus die Bürger kleinerer Orte im Rahmen der Feuerwehrorganisation erfüllen, so ist die
hier angeschlagene architektonische Tonart von
der gesellschaftlichen Bedeutung her durchaus
angemessen. Zumal über den eigentlichen Zweck
hinaus, „zu retten, bergen und schützen", diese
Gebäude auch noch als Versammlungs- und Fest-
häuser dienen, so daß sie außerdem für die
Ortschaften eine wichtige gemeinschaftsfördernde
Funktion übernehmen.
Mit dieser subtil detaillierten, handwerklich gut
ausgeführten und formal weit über üblichen Fertig-
teil-„Produkten" für Aufgaben dieser Art stehenden Architektur wird qualitativ und von der Bedeu-
tungsaussagekraft her hier wieder an den hohen
architektonischen Standard von Feuerwehr-Gerä-
tehäusern – wie überhaupt öffentlicher Bauten –
gerade in kleineren Orten aus der Zeit der Grün-
derjahre und des Jugendstils angeknüpft. Für diesen Beitrag zur Baukultur unserer Tage gerade auf
einem weniger spektakulären Gebiet des Bauens
möchte man die Stadtverwaltung von Frankfurt am
Main beglückwünschen.

Publikationen:
Bauwelt 22 – 1984
Baumeister 7/85
db 10/85

Die statisch bedingte Struktur der aus KS-Steinen erstellten Mauern in Form von Pilastern, Wandspiegeln und Traufgesims bewirkt eine einfache Gliederung der auf 2 Seiten fensterlosen Fassaden. Das blechgedeckte Pyramidendach und der konstruktiv korrekt in glattem Beton ausgeführte Sockel vervollständigen den dreizonigen Gebäudeaufbau in fast „klassischer" Manier.

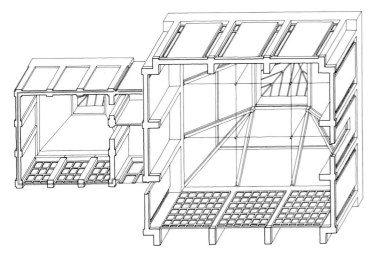

Zweckmäßigkeit und Schönheit des vorwiegend in Erscheinung tretenden Baumaterials ergänzen sich hier in sinnvoller Weise: die Robustheit und Dauerhaftigkeit des KS-Steines und dessen helle freundliche Farbe in Verbindung mit der lebhaften Ornamentik des Verbandsgefüges.

Wohnhaus in Oberwil bei Basel

Architekten: Jacques Herzog, Pierre de Meuron, Basel

Inmitten konformistischer Einfamilienhäuser in Oberwil, südlich von Basel, steht dieses kleine, durch seinen hellblauen Anstrich auffallende Wohnhaus „mit einer Selbstverständlichkeit da, wie aus sich selbst entstanden, als hätte es niemand entworfen". So hat H. J. Zechlin, ein renommierter Architektur-Publizist seiner Zeit, eines der bescheidenen Grunewaldhäuser Eiermanns aus den 20er Jahren gelobt. Eiermann, der eine große Vorliebe für diese Art „gewöhnlicher", quasi anonymer Architektur hatte, ließ seine Architekturstudenten zunächst ein „5-Meter-Haus", wie er es nannte, in Sichtmauerwerk und mit einem geneigten Dach entwerfen. Einfach, weil er in der unkomplizierten Gebäudestruktur mit ihren kostengünstigen Spannweiten, in dem klimagemäßen Satteldach und in der strengen Maßsystematik des Mauersteingefüges für den Architekturanfänger bei seiner Grundrißfindung und Fassadengestaltung hilfreiche, weil formdisziplinierende Faktoren sah.
Daß eine archetypische klare Baukörperform nicht anfängerhaft einfältig und simpel bleiben muß,

sondern im Gegenteil mit geringen formalen Mitteln räumlich und plastisch subtil differenziert und im architektonischen Erscheinungsbild kunstvoll und unauffällig variiert werden kann, beweisen hier die Architekten mit ihrem Haus in Oberwil.
Die Grundrißgeometrie des einfachen Doppelquadrats wird durch die leichte Krümmung der aus KS-Steinen gemauerten Eingangsseite raffiniert und auf unmerkliche Weise dynamisiert und verfremdet. Die einfache Reihung der Räumlichkeiten im Inneren und der schlichte Baukörper nach außen erhalten durch diesen architektonischen „Trick" eine überraschende, unerwartete ästhetische Belebung und Individualität im Ausdruck. Der hinter dem Carport befindliche Eingang fällt so bereits von der Straße aus ins Blickfeld der Ankommenden.
Das Haus schließt sich auf drei Seiten durch seine U-förmig angelegten Außenmauern von der architektonisch nichtssagenden Nachbarschaft ab und öffnet sich in voller Fassadenbreite und -höhe ausschließlich nach Süden, zum eigenen Gartengrün.
Im Obergeschoß springt die leichte, verglaste Hausfront gegenüber der Erdgeschoßfassade zurück, so daß eine Loggia entsteht, die sich schützend als mediale Raumzone vor den zum Garten hin sich öffnenden Schlafräumen ausbreitet.

Publikationen:
ARCH+ 84, März 1986

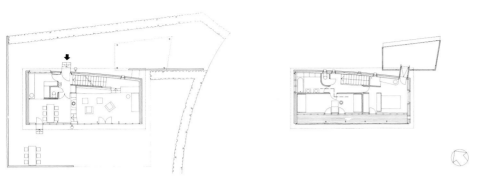

Die lange Südfassade öffnet sich zum Garten fast zur Gänze. Nur die enge, weiß gestrichene Unterteilung der geschoßhohen Fensterwände bildet eine filigrane optische Zäsur zwischen Innen und Außen.

Im Obergeschoß springt die Fassade vor den Schlafräumen um die Tiefe der vorgelagerten Loggia zurück. So ist sie gegen übermäßige Sonneneinstrahlung und Regen geschützt.

Räumlich interessant sind die Gebäudeschnitte: Trotz der geringen Geschoßhöhe von 2,55 m wird der im Erdgeschoß befindliche und durchgehende Wohnbereich in seiner Längenentwicklung entsprechend dem vorhandenen Hanggefälle höhenmäßig abgestuft, so daß auf einfache Weise spannungsvolle Raumverhältnisse zwischen dem niedrigen Eßplatz (2,3 m) und dem Wohnraum mit rund 2,8 m Höhe entstehen.

Die größtenteils geschoßhoch verglaste Fensterwand zum Garten hin bewirkt eine großzügige räumliche Verzahnung von Innen und Außen. Farblich durch einen dunklen Anstrich abgesetzt, stehen die tragenden Stahlprofilstützen frei im Raum entlang der hell gehaltenen leichten Außenwand.

Werkstätten für Behinderte im Auhof, Hilpoltstein

Architekten: H. Busso v. Busse + Partner, München
Mitarbeiter: K. Merkel, H. Trefny, H. Bauer
Bauleitung: Karl Neuleitner, Nürnberg

Der Auhof – Heime, Schulen und Werkstätten für Geistigbehinderte – liegt bei Hilpoltstein in Mittelfranken, 40 km südlich von Nürnberg. Bei den Auhof-Werkstätten handelt es sich nicht um eine Fabrik, einen produktionsoptimierten „Zweckbau", sondern um einen Lebensraum, ein therapeutisches Milieu, in dem Behinderte ab 18 Jahren unter humanen Ausbildungs- und Arbeitsbedingungen ohne Leistungszwang gemeinsam mit ihren Betreuern einer sinnerfüllten, volkswirtschaftlich effizienten beruflichen Tätigkeit nachgehen können.
Es ist eine 3teilige, räumlich klar nach Funktionsbereichen gegliederte und überschaubare Werkstattanlage mit natürlicher Belichtung, Belüftung und Ausblick ins Grüne. Ein übersichtliches Wegenetz und ruhige Pausenbereiche sind wesentliche Bestandteile dieser Arbeitsstättenkonzeption.
Der Betrieb ist, unter Einbeziehung eines ehemaligen Landwirtschaftsgebäudes, für 200 Arbeitsplätze ausgelegt mit Trainings- und Beschäftigungsmöglichkeiten in den Bereichen: spanabhebende Metall-

Publikationen:
DETAIL 1/84

bearbeitung, Kabelkonfektion, Holz- und Kartonagenarbeiten, Montage von Elektro-, Kunststoff- und Spielzeugartikeln. Die gesamte Anlage ist rollstuhlgerecht dimensioniert und auf Materialtransport mit Gabelstaplern bzw. Hubwagen ausgelegt. Begleitende Dienste und Speiseversorgung erfolgen durch die zentralen Einrichtungen des Auhofes.
Der Entwurf basiert auf einem durchgängigen quadratischen Grundmodul von 1,125 m. Die Stützweite des ungerichteten Hallentragwerks beträgt 11,25 m. Aus je 4 Feldern von 11,25 x 11,25 m sind die beiden Produktionshallen gebildet, aus 3 Feldern von 11,25 x 11,25 m die Halle für Anlernung und Training. Das Raumgefüge der quadratischen Hallenfelder wird bestimmt vom Doppelkreuz der seilunterspannten Nebenträger, den zentralen Stützen, den pyramidenförmigen Lichthauben und der an Spanndrähten aufgehängten oberen Medienverteilung. Natürliche Materialien von kräftiger Oberflächenstruktur – Holz, KS-Sichtmauerwerk, Sichtbeton, Glas – in robuster handwerklicher Verarbeitung, eine bewußt helle, einheitliche Farbgestaltung und die Öffnung der Innenräume zu landschaftsgärtnerisch gestalteten Freiflächen vermitteln optische Eindrücke, die das von der Arbeit angespannte Gemüt beruhigen und dem Gebäude einen einladenden lichten Charakter verleihen.

Der Innenraum der quadratischen Hallen wird bestimmt von den hellen Umfassungswänden aus KS-Sichtmauerwerk, von der zentralen – die hohen Leimbinder tragenden – Betonsäule, vom Doppelkreuz der seilunterspannten Nebenträger und von den vier pyramidenförmigen Lichthauben über den holzverschalten Deckengevierten. Der positive Raumeindruck wird verstärkt durch das lebendige Wechselspiel des kräftig strukturierten KS-Mauerwerks und dem feingliedrigen Netz der technischen Infrastruktur.

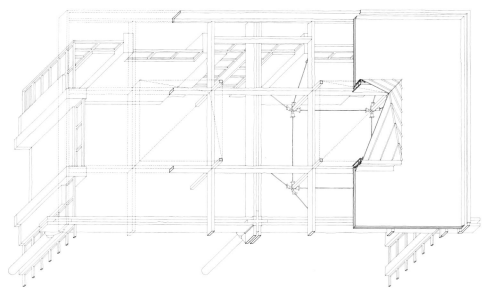

Die Behindertenwerkstätten zeigen eine für die Auhof-Anlagen typische, auf die besonderen psychischen und physischen Bedürfnisse der Behinderten abgestimmte, menschliche Arbeitsatmosphäre. Keine endlosen Werkhallen, sondern kleine überschaubare Raumbereiche mit Gruppenarbeitsplätzen; dazu natürliche Belichtung und Belüftung der Räume, vor allem auch Ausblick in die umgebende Landschaft.

Die tiefstehende Abendsonne verstärkt die kräftige Gliederung und Plastizität der konstruktiv bedingten Gebäudestruktur aus massivem KS-Sichtmauerwerk und leichten Holzkomponenten. Klar ablesbar die Tektonik des streng modular ausgebildeten Dachtragwerks aus paarweise in Gebäudemitte angeordneten, von freistehenden Betonsäulen unterstützten Holzleimbindern und niedrigeren, von Mauervorlagen getragenen Nebenträgern. Horizontale und vertikale Gliederung, Einfachheit, Geschlossenheit, Materialeinheitlichkeit, Regelmäßigkeit, Strukturkontrast und Symmetrie – alles Merkmale einer prägnanten, „guten" Gestalt – haben in einer architektonisch lebendigen und vielschichtigen Formkomposition ihren Niederschlag gefunden und geben diesen Werkstattgebäuden eine unverwechselbare Identität.

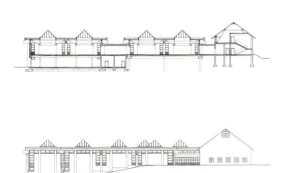

Wohnhaus in Biel-Benken, Schweiz

Architekten: Xaver Nauer und Urs B. Roth, Zürich

Es ist erfreulich festzustellen, wie es Kollegen immer wieder gelingt, dem einfachen, uralten Antenhaus-Typ mit Phantasie, Vernunft und Einfühlungsvermögen eine überraschend neue, zeitgemäße Bau- und Raumgestaltung abzugewinnen. Die Rede ist hier von einem äußerlich bescheidenen, architektonisch dennoch bemerkenswerten Wohnhaus in der Gegend von Basel. Es liegt, umgeben von eingeschossigen Einfamilienhäusern üblicher Schicklichkeit, an einem relativ stark abfallenden Südhang mit einer schönen Talsicht auf das zu Füßen gelegene Dorf und die Jura-Ausläufer am Horizont. Der knapp 6 m breite, satteldachgedeckte Baukörper steht, im Gegensatz zur Nachbarbebauung, mit seiner Längsachse eigenwillig senkrecht zum Hang. Infolge des natürlich belassenen Hangprofils erscheint er mithin an seinem talseitigen Südgiebel 2,5- und bergseits lediglich 1,5geschossig.
Erreichbar ist das Grundstück von der im Norden vorbeiführenden Straße indirekt über einen Stichweg, der in einen am Eingang angeordneten Vorplatz mündet. Dieser befindet sich auf EG-Niveau an der Nordostecke der überwiegend geschlossenen Ostseite.

Innen ist das Haus ganz auf die speziellen Bedürfnisse eines berufstätigen Akademikerpaares (Historikerin und Französischlehrer) mit einem Kind zugeschnitten. Sie haben ihren funktionalen Niederschlag in Grund- und Aufriß gefunden ebenso wie die baupolizeiliche Auflage der 1geschossigen Bauweise mit zulässigem Ausbau von Dach- und Untergeschoß. Trotz der verhältnismäßig geringen Außenabmessungen (ca. 6 auf 12 m) wirkt das Gebäude im Inneren jedoch räumlich unvermutet großzügig und abwechslungsreich. Vor allem liegt es daran, daß in Gebäudemitte eine über 2 Geschosse reichende und auf der Westseite sich weit nach außen zu einer intimen Terrasse hin öffnende Diele mit Eßplatz und Treppe als dominierender, alle Teile des Hauses funktionell und z.T. auch optisch miteinander verbindender Raumschwerpunkt ausgebildet wurde. Von diesem Zentrum aus sind ohne platzraubende Flure direkt zugänglich: auf der Nordseite zum Berg hin die dienenden Räume wie Keller, Küche, Bad und das Arbeitszimmer unter dem Dach; nach Süden, zur Sonnenseite die Wohn- und Aufenthaltsbereiche und zu ebener Erde die Schlafräume; auf Eingangshöhe, nur durch die filigrane Stahltreppe und den Kaminblock von der Diele optisch getrennt, der Wohnraum. Schließlich zuoberst unter der leicht gewölbten Dachdecke die Bibliothek.

Publikationen:
architektur & wohnen 4/85
Architektur und Technik 7/85
DBZ 6/86
Bauhandwerk 9/1986

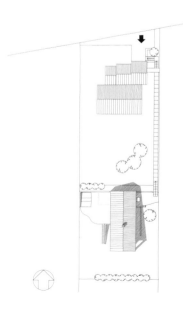

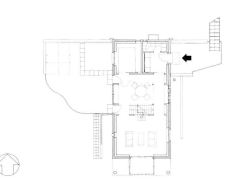

Neben der funktionell sinnfälligen, konstruktiv raffinierten und formal überzeugenden Abwandlung des Antenhaus-Motivs im Bereich des Südgiebels und den überraschenden Raumperspektiven, sowie der eigenwilligen Lichtführung in diesem kleinen Haus, verdienen außerdem noch besondere Aufmerksamkeit die gestalterisch subtile, sowie handwerklich sorgfältige Ausbildung einiger Innenraumdetails, zum Beispiel der Verbindungssteg zwischen Bibliothek und Arbeitszimmer und die Treppe in feiner Stahlkonstruktion oder der abgerundete Glasbausteinerker des Arbeitszimmers im Obergeschoß.

Der zweigeschossige Wintergarten unter dem talseits weitüberstehenden, von zwei schlanken Säulen getragenen Giebeldach wirkt neben dem massiven Baukörper aus KS-Mauerwerk wie ein luftiger gläserner Schrein.

Die lichtdurchflutete Bibliothek im Dachgeschoß wird von der gewölbten Decke, den seitlichen Bücherwänden und dem hellgestrichenen KS-Mauerwerk räumlich klar geprägt. Die große Fensterwand erlaubt den Ausgang ins Freie auf den außen davorgelegenen Balkon und gewährt weiten Ausblick in die schöne Landschaft.

Schräg zum Rasterplan sollte ein Fußweg so angelegt werden, daß er geradlinig und direkt vom Hochschulgelände über die Lichtwiese und durch den angrenzenden Wald zur Stadt führt. Als sichtbarer Zielpunkt in der Stadt ist dabei der Hochzeitsturm auf der Mathildenhöhe, der traditionellen Kulturstätte Darmstadts, anvisiert. Diesen Weg entlang sollte ein Haus entrollt sein. Wesentliche Teile eines 2,5geschossigen Wohnhauses werden aus ihrem vertrauten räumlichen Zusammenhang gelöst und als fragmentarische Bauteile wie gebaute Schnitte aneinandergereiht: Fassade, Kamin, Flur, Fenster und Türen, Treppe, Dach etc. Mit üblichen Baumaterialien, Fertigteilen und Reststücken des Industrie- und Wohnungsbaus errichtet, entsteht eine Art bautypologische Sammlung. Die Abfolge der Teile entspricht dem möglichen Durchwandern des imaginären Ge-

Lineares Haus in Darmstadt

**Architekten: Haus-Rucker-Co, Düsseldorf
L. Ortner, G. Zamp Kelp, M. Ortner**

Das „Lineare Haus" befindet sich auf der Campuswiese der TH Darmstadt, einem von Wald gefaßten Gelände am Rande der Stadt. Die Idee zu dieser der land-art zuzurechnenden Kunst-„Installation" wurde bereits 1978 von den Architekten im Zuge eines Wettbewerbs zur gärtnerischen Gestaltung der Lichtwiese eingebracht. Das fertige Kunstobjekt konnte erst im Jahr 1986 der TH Darmstadt übergeben werden. Den Ursprungsgedanken, Landschafts- und Ensemblegestaltung auf dem Wege der „Direktkoppelung von Kunst und Technik" (St. v. Moos) z. B. in Form eines Linearen Hauses zu demonstrieren, beschreibt Haus-Rucker-Co selbst in einer Werkmonographie so: „Als ergänzende Maßnahme zu den (nach einem Raster angelegten Instituts)-Neubauten haben wir das Lineare Haus entwickelt.

Publikationen:
Kunst und Bauen 6

bäudes, der Ausbauzustand ist bedingt durch die Lage im Gelände. Den gesamten Weg entlang sollten Pfeiler und Stangen in kontinuierlicher Folge aufgestellt eine Bau-Linie bilden, als Meßlinie für das Gelände und den unfertigen Bauzustand des Linearen Hauses". Das Raumkonzept „Lebensader", der kultbedingte Prozessionsweg, bekannt seit den altägyptischen Totentempeln, erfährt in Gestalt des „Linearen Hauses", eingespannt zwischen neuer TH und traditioneller Kulturstätte (Mathildenhöhe), stadträumlich eine im doppelten Sinne wegweisende Neuinterpretation.

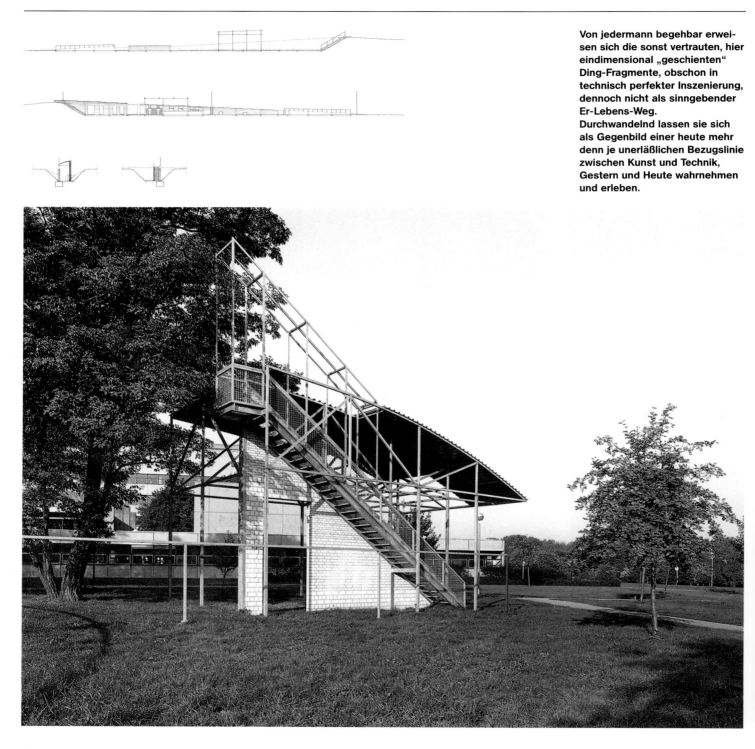

Von jedermann begehbar erweisen sich die sonst vertrauten, hier eindimensional „geschienten" Ding-Fragmente, obschon in technisch perfekter Inszenierung, dennoch nicht als sinngebender Er-Lebens-Weg.
Durchwandelnd lassen sie sich als Gegenbild einer heute mehr denn je unerläßlichen Bezugslinie zwischen Kunst und Technik, Gestern und Heute wahrnehmen und erleben.

Internationales Institut für Berufsbildung,
Mannheim

Architekten: Carlfried Mutschler und Partner
Joachim Langner, Mannheim
Mitarbeiter: L. Farinella, G. Gruninger, G. Keller,
K. Koller, V. Maier, W. und Chr. Mäurer,
H. Schlautmann, L. Schwöbel, A. Weickmann

Das Internationale Institut für Berufsbildung, getra-
gen vom Land Baden-Württemberg und der heimischen Wirtschaft, bietet im Rahmen der deutschen
Entwicklungshilfe jährlich ca. 80 Lehrern und Leitern
Technischer Ausbildungsstätten aus Entwicklungs-
ländern eine Fortbildung in KFZ-Technik, Berufs-
pädagogik und Betriebs-Management an. Die der-
zeit von 12 Fachlehrern geleiteten Halb- bzw. Ganz-
jahreskurse beinhalten theoretische und praktische
Lehrinhalte, wozu die 1984 fertiggestellten Bauten
am Herzogenriedpark nunmehr die erforderlichen
Unterrichtsräume in optimaler Form bieten.
Städtebauliche Disposition, aber auch architektonische Ausformung dieser neuen Baulichkeiten ent-
springen zum einen den spezifischen Funktionsbe-
dürfnissen dieses Instituts, zum anderen reagieren
sie jedoch auch subtil auf die vorhandenen Bauten
der Umgebung.
Die Erschließung der Anlage erfolgt auf die Weise,
daß die zu untersuchenden Fahrzeuge von der Straße aus über Erdrampen unmittelbar in die Werkstatt-
Pavillons gelangen, hingegen die Kursteilnehmer
zentral von der Eingangshalle im Unterrichtsgebäude
entweder indirekt zu ihren Lehrwerkstätten über
offene glasgedeckte Stege kommen oder über ein

gelenkartig ausgebildetes Glastreppenhaus mit Lift
den Weg direkt zu den Theorie- und Aufenthaltsräumen auf den 4 Etagen des Hauptgebäudes finden.
Die Komposition aus zwei verschiedenen Bauformen:
dem länglichen, ökonomischen 2-Bundtrakt für den
theoretischen Unterricht und den zentrischen Ein-
raumbauten für die praktischen Übungen artikulieren
im Großen, formal und konstruktiv angemessen, die
Funktionen dieses Instituts. Das Einzelhaus-Konzept
bewirkt zudem im Detail eine überschaubare,
menschlich sympathische Maßstäblichkeit die in
Dimension, Anordnung und Gliederung von Wandöffnungen sowie in der Fugenstruktur des KS-Mauerwerks ablesbar wird. Die Pavillons mit ihren blechern
gerippten Zeltdachhauben, frei vor den hellen KS-
Wänden geführten Regenrohren, den mehrflügeligen
Einfahrtstoren und sichtbar belassenen Stahlstruk-
turen bewirken eine Werkstatt-Architektur, die sich
vom Erscheinungsbild der landläufigen Handwerks-
betriebe vorbildlich abhebt.
Ein konzeptbedingt besonderes, nicht nur funktionell-
praktisches Element zur bequemen fußläufigen Verbindung der separaten Theorie- und Praxisgebäude
stellen die offenen Stege aus Stahl und Glas dar.
In ihrer Transparenz und Leichtigkeit, konstruktiven
Stahlbau-Logik und dynamischen Linearität stehen
sie im ästhetischen Gegensatz zu den schweren,
statisch wirkenden Gebäudekuben aus hellem KS-
Mauerwerk. So verdeutlichen sie im übertragenen
Sinne zum einen die analytisch arbeitsteilige Struktur unseres technischen Zeitalters, zum anderen
visualisieren sie jedoch auch die Abhängigkeit und
notwendig dynamische Wechselwirkung von Theorie
und Praxis.

Publikationen:
Baumeister 3/88

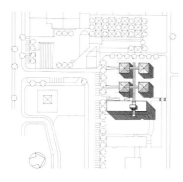

Insgesamt gesehen steht diese
Gebrauchs-Architektur von
äußerlich schnörkellos einfachen
KS-Mauerwerkskuben mit hellen
bedarfsgerechten Innenräumen
und den luftig leichten Ver-
bindungsstegen für: gelungene
Einfügung ins städtebauliche
Umfeld, Funktionalität eines
Technischen Lehrinstituts und
nicht zuletzt für Sparsamkeit
im Umgang mit zur Verfügung
stehenden Finanzmitteln.

„Das Material Stahl in ‚natürlicher'
Farbe grau gestrichen steht im
gestalterischen Kontrast zu den
massiven weißen Baukörpern
(aus KS-Sichtmauerwerk), so
daß es keines schmückenden Bei-
werks bedarf und keiner weiteren
Differenzierung." (Mutschler)

Im gewissen Sinne zeigen sich
überraschenderweise erlebnisreiche „stadträumliche" Situatio-
nen unterschiedlicher Art je nach
Standort zwischen Werkstatt-
Pavillons, Erschließungsbrücken
und dem höheren Unterrichtsbau
im Hintergrund.

Villa Meyer in Zürich-Riesbach

Architekten: Dolf Schnebli + Tobias Ammann,
Zürich / Agno
Mitarbeiter: Paolo Kölliker

Publikationen:
DETAIL 1/88

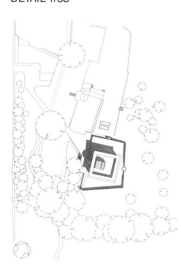

Im Gegensatz zur rigorosen Geschichtsverleugnung der Moderne-Avantgarde sehen ernstzunehmende Architekten unserer Tage den Gedanken- und Formenfundus der Baugeschichte nicht mehr prinzipiell als tabu an.
So überrascht nicht die Tatsache, daß in KS Neues ein vom Programm her stattliches Einfamilienhaus für einen renommierten Kunstkenner und Sammler nicht wie gewohnt als Bungalow, sondern in Gestalt einer „kleinen Zürcher Villa" präsentiert wird.
Die Wünsche der Bauherrschaft sowie das exquisite Baugrundstück zwischen einem baumbestandenen Bachlauf und einem steil ansteigenden Weinberg oberhalb des Zürichsees, legitimieren hinreichend die Neuinterpretation des alten Themas „Villa", zumal architektonisch neuartig vorgetragen und mit den Mitteln unserer Tage: KS-Mauerwerk, Glassteine, Stahl und Glas bautechnisch und handwerklich perfekt realisiert.
Palladios Villen waren nach Bekunden der Architekten Vorbild zu diesem Projekt.

Deren theoretische Basis bzw. ästhetische Kompositions-Regeln hat der bekannte Kunsthistoriker R. Wittkower bereits 1949 in seinem aufschlußreichen Buch „Grundlagen der Architektur im Zeitalter des Humanismus" exemplarisch analysiert: Strenge Symmetrie, absolute Grundrißregelmäßigkeit – geometrisch aufgebaut auf einem System von Quadraten und verwandten Rechtecken – sowie vollkommene Proportionsharmonie aller Bau- und Raummaße.
Alle diese Entwurfs-Momente finden sich, selbstredend situations- und aufgabenadäquat architektonisch modifiziert, an dieser im Grundriß etwa 14 x 14 Meter großen und 3 Geschosse hohen „Zürcher Villa" wieder.
Der besonderen Lage entsprechend und zugleich bestechend ist die nobel-zurückhaltende, keineswegs protzig wirkende äußere Gesamterscheinung des Gebäudes, nicht nur wegen der subtilen Fassaden-Proportionen und modular disziplinierten Befensterung, sondern vor allem wegen der „glücklichen Wahl des Ausführungsmaterials" (O. Wagner), hier vor allem des KS-Sichtmauerwerks.
Sein neutrales, einheitlich zart gedämpftes, in Licht- und Schattenwurf wirkendes Grau, steht leicht, heiter und harmonisch im Grün der vorhandenen Umgebung.

Insbesondere zwei neuartige, für die Raumkonzeption ebenso wie für das äußere Erscheinungsbild bestimmende Architekturelemente sind augenfällig: zum einen der apsidenartige, in Stahl und Glas aufgelöste, den ansonsten introvertiert wirkenden Kubus aus KS-Sichtmauerwerk talseits räumlich öffnende Eingangserker, zum anderen die Attika in Form eines weitausladenden Kranzgesimses aus Betonfertigteilen.

Die zinnenartig ein Geschoß hochgeführte Dachgartenumrandung schafft den Bewohnern auf dem Dach des Hauses einen privaten, intim nutzbaren, als Atrium auch von der Bergseite her uneinsehbaren Außenraum.

Fein profilierte Fenstertüren
gewähren überall im Erdgeschoß
Ausblick und direkten Zugang in
den umgebenden Garten.
Durch hoch unter der Decke liegende, festverglaste und tief in
die Laibung nach außen gerückte
Fenster fällt auf ungewöhnliche
Weise zusätzlich Licht in diesen
Raum wie auch in alle übrigen
des Erdgeschosses. Weißer Putz
an Decken und Wänden sowie ein
dunkler, am Rand hell gefaßter
Marmorboden bewirken ein farblich neutrales Ambiente, wie es
zur Präsentation von Kunstobjek-
ten nicht besser sein könnte.

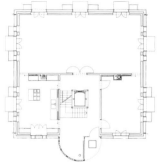

Die streng geometrisch geordneten, quadratischen Grundrisse finden ihre Entsprechung in der umlaufend homogenen Fassadengestaltung. In das am Hang auf einem künstlichen Plateau gelegene Gebäude führen von der unterhalb passierenden Straße her 2 Wege: ein offizieller über eine Rampe hinauf zu der im halbrunden Glasvorbau des Erdgeschosses geschützt angeordneten Haustür und ein privater über einen offenen Tunnelzugang unter dem postamentartig talseits vorgezogenen Haupteingangsvorplatz. Die innere Vertikalerschließung der 4 Geschosse erfolgt zentral von der Gebäudemitte aus über Lift und 3läufige U-Treppe aus Stahl und Glas.

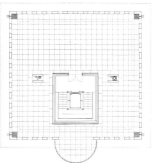

Das rechts stehende Foto zeigt das lichtdurchflutete, zusätzlich durch einen verglasten Dachaufbau von oben belichtete Treppenhaus. Die kaleidoskopartig Licht reflektierenden Wände nehmen dem Treppenhaus seinen Interieurcharakter.

Wohnüberbauung in Lausanne

Architekten: Atelier Cube, Lausanne
Guy Collomb, Marc Collomb, Patrick Vogel
Mitarbeiter: Daniel Horber

Publikationen:
ARCHITEKTUR 6/91
Baumeister 6/93

Am Stadtrand von Lausanne, nahe der Autobahn Genf–Montreux, ist in den Jahren 1985 bis 1990 im Rahmen des öffentlich geförderten Wohnungsbaus ein zwar kleines, aber städtebaulich wie architektonisch bemerkenswertes, in mancherlei Hinsicht vorbildliches Wohnquartier entstanden. Auf dem ca. 1,7 ha großen Hanggrundstück, seitens der Stadt im Erbbaurecht der ausführenden Baugenossenschaft preisgünstig überlassen, wurden insgesamt 113 Wohnungen erstellt. Unter Annahme einer durchschnittlichen Belegungsdichte von 3 Personen pro Wohnung wurde hier durch eine kompakte, wohnhygienisch jedoch einwandfreie Überbauung die beachtliche Siedlungsdichte von ca. 200 Personen je Hektar erreicht. Im Hinblick auf das allerorten knapper und teurer werdende Bauland stellt diese Zahl einen beispielhaft günstigen Wert für baulandsparendes und kostengünstiges Bauen dar.
Im 1. Bauabschnitt wurde als städtebaulicher Akzent und architektonischer Musterbau ein Wohnblock mit 7 Geschossen realisiert. Über einem verbreiterten

Untergeschoß mit Garagen und Nebenräumen erhebt sich eine ungewöhnliche Gebäudefigur mit insgesamt 34 Wohnungen unterschiedlicher Größe, Typenbildung und Erschließung.
Im 2. Bauabschnitt wurden 79 Wohnungen errichtet. Diese sind in einer rationalen, streng rektangulären, dem Westhang folgenden, etwa um 60° von der Flucht des 7geschossigen Kopfbaus abgedrehten Bebauungsstruktur „organisiert". Sie besteht aus 3geschossigen, ostwest-orientierten, hangparallelen Reihenhauszeilen mit insgesamt 43 Wohneinheiten und 3 nordsüd-orientierten, senkrecht zum Hang stehenden Geschoßbauten mit 36 Wohnungen.
Die mit eigenwillig geformten Segmentbogendächern versehenen Reihenhäuser verfügen über eigene Hausgärten ebenso wie die erdgeschossigen Mietwohnungen der Etagenbauten. Deren Obergeschoßwohnungen sind ersatzweise mit z.T. großen Wintergärten vor den Wohnräumen ausgestattet. An der „Bruchstelle" der Bebauungsstruktur zwischen dem großen hohen Wohnblock des 1. Bauabschnitts und dem neuen verdichteten Flachbauareal befindet sich in Verbindung mit einem kleinen öffentlichen Platz ein Wohn- und Geschäftshaus als städtebauliches Gelenk. Hier gibt es einen Bäcker mit Café sowie einen Friseurladen auf Platzniveau, eine Arztpraxis und ein Architekturbüro im 1. Obergeschoß.

Fahrstraßen, Fußwege ebenso wie Plätze und Höfe bilden gemeinsam ein eng verknüpftes Netz öffentlicher, halböffentlicher und privater Begegnungsräume, die Kommunikation und soziale Kontakte auf allen denkbaren Intensitätsstufen bis zur Distanzwahrung unter Erwachsenen ebenso wie bei den vielen Kindern und Jugendlichen dieses Quartiers ermöglichen. H. P. Bahrdt, der bekannte deutsche Stadtsoziologe, propagierte bereits in den 60er Jahren in seinem Buch „Humaner Städtebau" für Wohnquartiere die Ausbildung klar abgestufter Raumzonen öffentlichen, halböffentlichen und privaten Charakters als Voraussetzung einer auch in sozialer Hinsicht funktionierenden Nachbarschaft.

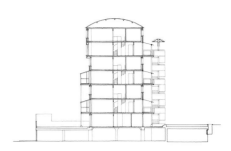

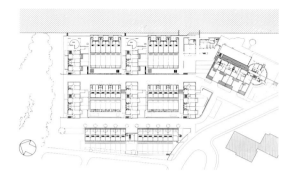

Neben den bereits erwähnten stadtsoziologischen Qualitäten zeichnen unübersehbare bautechnische und gestalterische Vorzüge das Quartier aus. Nicht unerheblichen Anteil daran hat das dauerhafte, identitätschaffende und gestaltbildende, die Vielfalt der vorliegenden Bauformen homogenisierende KS-Sichtmauerwerk als dominierender Wandbaustoff.

Die privaten Gärten sind gegen
Lärm und Einsicht der angrenzenden, allgemein zugänglichen
Spielflächen durch mannshohe,
stahlgefaßte KS-Wände ge-
schützt. Die bald voll berankten
Pergolen werden künftig die der-
zeitige Strenge der Konstruktion
mildern. „…Es gibt hohe Mauern,
über die man nicht klettern kann
und niedrige Zäune, über die
jedes Kind springen kann, deren
Respektierung als Grenze aber
erlernt wird und schließlich in
Fleisch und Blut übergeht…"
(H. P. Bahrdt)

Publikationen:
Architektur in Baden-Württemberg
seit 1980, BDA 1991

Wohnhaus in Karlsruhe-Durlach

Architekt: Berthold Rosewich, Karlsruhe-Durlach

Sogenannte „bessere" Wohnlagen einer Stadt präsentieren sich heute wie eh und je mit ihren meistens opulenten Villen-Kreationen architektonisch leider zu oft als ein „Jahrmarkt der Eitelkeiten". Eine erfreuliche Ausnahme davon bildet unser Wohnhaus für einen Bauingenieur und seine Familie, das auf einem relativ stark geneigten Nordwesthang in Durlach, einer bevorzugten Wohngegend oberhalb von Karlsruhe, errichtet wurde.
Über einem 10 x 10 Meter großen Grundriß erhebt sich kubisch klar und konturiert das zeltdachgedeckte Haus turmartig bis zu dreieinhalb Geschossen Höhe und eröffnet so vor allem von den oberen Räumen aus einen schönen Rundblick in die Weite des Rheintales und auf die benachbarten Berghänge von Durlach. Im Innern sind die Geschoßebenen in Nordsüdrichtung diagonal geteilt, halbgeschossig gegeneinander versetzt und über Zwischenpodeste einer zentral angeordneten Wendeltreppe zugänglich. Es entstehen auf diese Weise für die unterschiedlichen Nutzungsbereiche des Hauses angemessene Räumlichkeiten wechselnder Größe und Höhe. Dabei gehen die Ebenen z.T. räumlich ineinander über

und gewähren so den Bewohnern optisch reizvolle Blickbeziehungen und die Erlebbarkeit des Hauses aus verschiedenen Raumperspektiven.
Die von außen erreichbare Einliegerwohnung im Erdgeschoß öffnet sich zu einem intimen, hangwärts angelegten und zum Teil pergolaüberdachten Gartenhof im Süden des Hauses. Die darüberliegende Wohnebene der Hauptwohnung ist zum rückwärtigen oberen Garten im Süden orientiert. Zuoberst unter dem Zeltdach befinden sich neben einem geräumigen Bad je ein Schlaf-, Arbeits- und Gastraum. Belichtet werden alle Räume über Fenster in den aus Holz konstruierten Fassadenecken, wobei in der Nordsüd-Diagonale diese zugunsten dreiecksförmiger Loggien auf Eckabschrägungen zurückgenommen werden. Die zeitlose architektonische Qualität dieses geometrisch streng konzipierten Wohnhauses liegt, außer in dessen vorzüglicher Funktionalität und räumlichen Lebendigkeit, zweifelsohne auch in der spannungsvollen, symmetrisch austarierten Baukörper- und Fassadengestaltung. Diese ist bestimmt zum einen von dem prägnanten, weitausladenden Zeltdach, zum anderen vom Gegensatz heller geschlossener KS-Mauerscheiben im großflächigen 6 DF-Format und lebhaft strukturierter Fassadenpartien aus silbergrau lasiertem Holzwerk in Verbindung mit den reflektierenden Glasflächen.

In seiner vollen Größe und architektonischen Wirkung zeigt sich das Haus zur Straße hin. Unverwechselbar die materialmäßig differenzierte und vertikal betonte Dreiteilung der Fassade. Raumgreifend wie ein Flügelpaar scheint das Dach, von der massiven KS-Wandscheibe sich lösend, über dem Bauwerk zu schweben – gleichzeitig Schutz vor Regen und zuviel Sonne gewährend wie Geborgenheit ausstrahlend.

Unaufdringlich verzahnen sich, farblich und strukturell, die in Holz aufgelösten Eckpartien und die angrenzende Natur. Tektonische Eigenständigkeit bekunden hingegen die massiven Fassadenmitten aus hellem KS-Sichtmauerwerk und die geometrische Zeltdach-Silhouette. Je nach Standpunkt des Betrachters zeigt das Haus verschiedene „Gesichter". Ein gutes Beispiel für subtiles Eingehen des Architekten auf die Vorgaben der Situation.

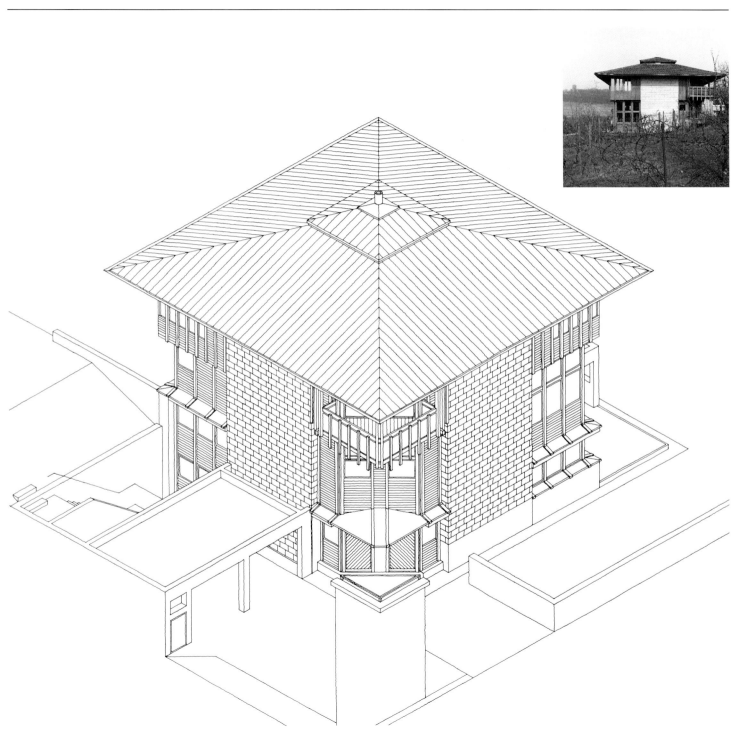

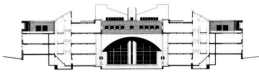

Gymnasium und Höhere Handelsschule in Nyon

Architekt: Vincent Mangeat, Nyon
Mitarbeiter: H. Jaquiery, B. Verdon,
P. Sgouridis

Nyon, ein kleines Städtchen des Kantons Waadt am Genfer See, lebt vorwiegend vom Fremdenverkehr und einer Porzellanmanufaktur.
In den Jahren 1986 bis 1989 wurde hier ein neues Bildungszentrum erbaut, das ein großes Gymnasium und eine Höhere Handelsschule mit 60 Klassen für etwa 850 Schüler sowie die dazugehörigen Sportanlagen umfaßt.
Die realisierte architektonische Schulkonzeption ist das Ergebnis eines Wettbewerbs. Sie wurde in ihrer Besonderheit offensichtlich von der topographischen Eigenart des Baugeländes mitbestimmt, das eine kleine Talmulde umfaßt und im Südosten, zum See hin, von der vielbefahrenen Bahnstrecke Genf–Lausanne begrenzt wird.
Aus der Luft gesehen, nimmt sich die Schule am Rande des Ortes städtebaulich autonom und in ihrer Baufiguration einer Gitarre ähnlich aus.
Die Gesamtanlage – mit ihrer Längsachse im Verlauf der Talmulde – erstreckt sich symmetrisch in NW/SO-Richtung über nahezu 100 Meter, die fast ebenso lange Eingangsrampe gar nicht mitgerechnet.
Im Südosten steht eine zylindrische Großform, die Talmulde für einen Pausenhof freilassend; auf den Böschungsflanken sind zwei vom Bahndamm abgewandte Klassentrakte, drei respektive vier Geschosse hoch, plaziert.
Die Normalklassen sind aus Schallschutzgründen

dem Hof zugewandt, die diversen Fachklassen liegen außen im Segmentbogenteil.
Im Nordwesten nimmt ein rechteckiger, die Talmulde brückenartig überspannender Baukörper alle Gemeinschaftsräume der Schule auf:
zuunterst innenliegend, zwei Geschosse unter Terrain, eine tribünenbestückte Hauptturnhalle mit zwei räumlich anschließenden Seitenhallen ein Geschoß höher. Zwischen der räumlich großzügigen, bogenüberspannten Eingangshalle mit Cafeteria für 120 Plätze und der Souterrainhalle ganz unten, befindet sich die Mensa mit ebenfalls 120 Tischplätzen und der seeseitige Pausenhofzugang.
Die Bibliothek bildet den oberen Gebäudeabschluß, unmittelbar darunter befinden sich die Schulverwaltung und die Lehrerzimmer.
An den Gebäudeecken plazierte Treppenhäuser mit Aufzügen dienen der Vertikalerschließung des umfangreichen Raumorganismus.
Laubengangartige Stege in den über 4 Geschosse gehenden Längshallen mit Oberlicht trennen und verbinden zugleich die Normal- und Fachklassenfluchten horizontal miteinander.
Bestimmen das Innere der Schule fast piranesisch differenzierte Raumbildungen in Sichtbeton und ausgeklügelte Weg- und Lichtführungen gleichermaßen, so ist ihr Äußeres geprägt nicht zuletzt vom hellen KS-Sichtmauerwerk der großflächigen und teilweise geschwungenen Fassaden, einer streng symmetrischen Kompositionsanordnung und dem überall spürbaren Regelmaß des Rationalismus.
Eine signifikante Architektur, städtebaulich-urban in sich, die einen Ort erst schafft und Identifikation im Übermaß ermöglicht.

Publikationen:
DBZ 12/90

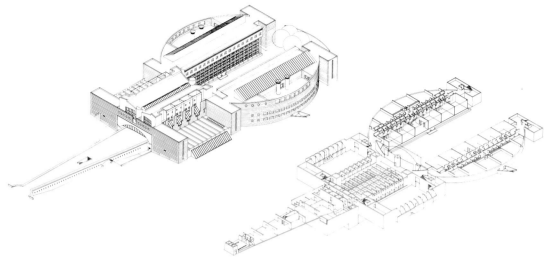

Urbane Raumformen des Klassizismus, z.B. Weinbrenners Ge-
staltungsvorschlag für die Lange
Straße in Karlsruhe, ebenso wie
die kolossalen Gebäudeutopien
der französischen Revolutions-
architekten, so unter anderem
Boullée's Stadion-Projekt, mögen
ein wenig Pate gestanden haben
für diese nicht ganz alltägliche
Schulkonzeption.
Eine Architektur, die bei aller
Strenge ihrer symmetrischen Disposition auch unverhofft lebendige und dynamisch anmutende
Gebäudepartien zeigt. Formal
und konstruktiv beachtenswert
die bewußte Hervorhebung bau-
physikalisch notwendiger
Elemente, wie z.B. die Luftöffnun-
gen beim Verblendmauerwerk
in Form ornamental entwickelter
Sockel- und Gesimsbordüren.

Wohnhausgruppe in Espoo, Finnland

Architekt: Reijo Jallinoja, Helsinki

Die hier vorzustellende Hausgruppe steht in Espoo, einem Ort westlich von Helsinki unweit der Küste zum Finnischen Meerbusen.

Die 2geschossigen Wohnhäuser befinden sich auf einem leicht nach Süden abfallenden, parkartig durchgrünten Gelände. Sie sind Teil eines weitläufig bebauten Siedlungsareals und umschließen für sich clusterartig ein räumlich, z.T. durch Mauern und Holzwände klar begrenztes Hofkarree. Die dazugehörigen Parkplätze sind in einer, nicht die Wohnruhe störenden Lage außerhalb des Clusters an der südöstlich vorbeiführenden Straße angeordnet. Der Zugang zu den einzelnen Häusern erfolgt entsprechend der jeweiligen Gebäudestellung entweder vom Innenhof oder von außerhalb desselben. Mitten im autofreien Hofraum ist für die Anwohnerkinder windgeschützt ein Gemeinschaftsspielplatz vorhanden. Die Clusterform ist trotz des im Prinzip gleichbleibenden Haustyps geschickt differenziert und somit bezüglich der Grundrißorientierung und Erschließung ihrer konstituierenden Elemente optimal angelegt. Die rechteckigen hofbildenden Gebäude ergeben sich jeweils aus zwei gleichen, jedoch um

die gemeinsame Brandwand im Firstverlauf gespiegelten Hauseinheiten. Diese bilden wiederum paarweise im rechten Winkel zueinanderstehend den rhombusartigen Innenhof. Die Eingänge in die jeweils etwa 100 qm Wohnfläche umfassenden Häuser liegen geschützt auf der längeren Giebelseite innerhalb hölzerner Vorbauten. Im Erdgeschoß befinden sich neben Zugang, Diele und Gäste-WC, eine große Küche, Wohn- und Arbeitsraum. Die zum Wohnzimmer hin offene Treppe führt ins Obergeschoß mit drei Schlafräumen ähnlicher Größe, dazu einem weiteren WC und der für die Finnen obligatorischen Sauna mit überdachtem Abkühlraum über dem Windfang. Jeweils eines der Schlafzimmer verfügt zudem über eine kleine Loggia in einem der Eingangsseite gegenüberliegenden Holzvorbau. Den beiden Trauffronten der Gebäude sind 2geschossige Lauben aus Holz vorgeschaltet. Sie bieten vor den Wohnaufenthaltsräumen im Erdgeschoß wind- und wettergeschützte, vielfältig nutzbare Freisitze. Unter erfreulichem Verzicht auf modische Spielereien jedweder Art präsentiert sich diese Architektur gestalterisch zeitlos und eigenständig in der Formensprache sowie funktionell plausibel. Die freundliche Gebäudeerscheinung wird zum einen maßgeblich mitbestimmt vom hellen KS-Sichtmauerwerk, zum anderen von den klimabedingten Holzvorbauten.

Publikationen:
ARCHITEKTUR 6/91
DBZ 4/92

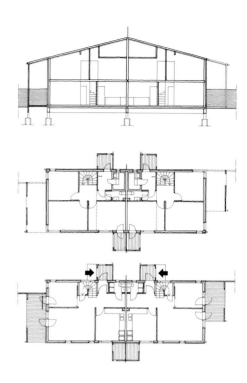

Die Bilder veranschaulichen die vielfältige Erscheinungsform der strukturell simplen, kaum Bau- und Unterhaltskosten verursachenden, aber im Gebrauch überaus nützlichen und schließlich die einfache Wohnhausarchitektur unaufdringlich belebenden Holz-Loggien: Plastizität schaffend, ebenso Durch- und Einblicke gewährend sowie Bühne für Licht- und Schattenspiele gleichermaßen.

Interessant ist die Konstruktion dieser Häuser: Die Außenwände sind mehrschalig mit Luftschicht ausgebildet; die Innenschale ist in wärmegedämmter Holzfachwerkbauweise, die Außenschale in KS-Sichtmauerwerk erstellt. Die Dachdecke besteht aus vorfabrizierten, wärmegedämmten Metallpaneelen mit innenseitiger Gipskartonverkleidung und äußerer Blechdeckung; Fenster, Türen, Annexe sind aus Holz.

Ein typisches, bei dem rauhen skandinavischen Klima fast unersetzliches Außenraumelement stellen bei dieser Wohnhausarchitektur die zweigeschoßhohen Lauben an den Trauffronten dar – hier an der Südwestecke des Hofes durch eine weitergeführte Bretterwand miteinander zu einem geschlossenen Raumwinkel verbunden.

**Für eine Anzeigenserie wurden in
der Sandgrube eines KS-Werkes
„Architekturfragmente" aufgebaut: Wandscheiben, Zylinder,
Pyramiden usw.
Auf ausschnitthaften Fotografien
zeigen diese frei erfundenen Gebilde in spielerischer Form die
unbegrenzten Möglichkeiten des
anpassungsfähigen Materials
„Kalksandstein".**

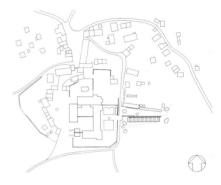

Publikationen:
BDA-Informationen,
BDA-Preis Bayern 1991

Jugendbildungsstätte in Windberg

Architekt: Thomas Herzog, München
Mitarbeiter: Peter Bonfig

Etwa auf halbem Wege zwischen Passau und Regensburg liegt am südlichen Rand des Bayerischen Waldes das Dorf Windberg mit seinem alten, weithin ins Donautal sichtbaren Prämonstratenser-Kloster. Dieses beherbergt heute neben dem Orden eine Jugendbildungsstätte, zu der 1991 östlich der bestehenden Klosteranlage ein noch funktionell fehlendes Gästehaus mit 44 Ein- bis Sechsbettzimmern für rund 100 Besucher kam. Der dreigeschossige, durch seine gegenläufigen Pultdächer prägnant konturierte und fast 70 Meter lange Neubau steht am Rande des Klosterbergs als unverkennbar moderner Solitärbau neben dem historischen Konventgebäude – streng rechtwinklig und mit angemessenem Abstand zu diesem.
Die vorliegende klare Grundrißzonierung, die zweckmäßig differenzierte Baukonstruktion und die daraus resultierende unverwechselbare Gebäudeästhetik als Folge von Überlegungen zum Energiebedarf in Abhängigkeit zur zeitlichen Raumnutzung dieses Gebäudes sind natürlich bezüglich des sinnvoll eingesetzten KS-Materials hier von besonderem Interesse.
Es befinden sich die tags nur stundenweise, jedoch nachts durchgehend belegten Schlafräume mit ihrer relativ kühlen Nachttemperatur konsequent in einer von massiven, 30 cm dicken KS-Mauern gebildeten Raumflucht auf der Gebäudesüdseite.
An den Kopfenden des Baus ist die Zimmerflucht

gefaßt von zweigeschossigen, übereckverglasten Aufenthaltsräumen mit Emporen.
Die durch Fenstertüren direkt einfallende und tagsübe gespeicherte Sonnenwärme kommt diesen Räumen nachts zugute, wenn sie dort benötigt wird. Denn die schweren raumbegrenzenden KS-Mauern und dicken Stahlbetondecken wirken vorteilhaft als innere Speichermasse bzw. die südliche Fassadenmauer auch als Wärmefalle, da sie zusätzlich außen mit einer transluzenten Wärmedämmung versehen und gegen Aufheizung im Sommer durch Jalousien und einen großen Dachüberstand geschützt ist.
Im Unterschied dazu nimmt die nur wenige Stunden täglich benutzte, teils gering, teils höher temperierte Sanitär-, Abstell- und Erschließungszone die in einer leichten, außen brettverschalten und wärmegedämmten Holzskelettkonstruktion errichtete Gebäudenordseite ein.
Konsequenterweise wird energiesparend der Warmwasserbedarf des Gästehauses weitgehend durch Sonnenkollektoren auf dem südlichen Dach und durch Wärmerückgewinnung bei der Warmluftheizung für die Duschbäder gedeckt.
Der in hier ausgeführter Form realisierte und dafür jüngst mit einem BDA-Preis gewürdigte Bau bestätigt in überzeugender Weise die Sinnfälligkeit der vom Architekten angestrebten Entwurfsziele: neue „Bauter als Architektur unserer Zeit wirken zu lassen, die Charakteristik des Ortes, Aspekte der Ressourcenschonung und die gewählten Konstruktionen gestaltprägend sich mitteilen zu lassen" (Th. Herzog).
Die nebenstehende Farbaufnahme zeigt den pultdachgeprägten Ostgiebel des Gästehauses mit seinem dreizonigen Aufbau.

Die Giebelfassaden und die talseitige Südfront sind dreigeschossig und in klassischer Manier dreizonig komponiert. Dahinter befinden sich die Gästeschlaf- und Aufenthaltsräume mit Ausblick in die schöne Donaulandschaft.

Über der massiven, die oberen Wandscheiben abfangenden Doppelpfeilerarkade des Sockelgeschosses erhebt sich über zwei Etagen die abwechselnd mit Fenstertüren und transluzenter Wärmedämmschale versehene und somit als Wärmefalle fungierende Außenwand.

Zuoberst das weitausladende Dachgesims mit partiell darunter abgehängten Balkonen und die vor der Fassade angeordneten Jalousien liefern den unabdingbaren Schutz gegen zu starke Sonneneinstrahlung im Sommer.

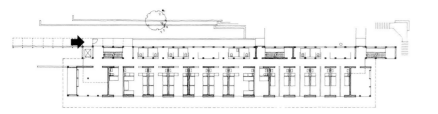

Die nach Norden weisende Sanitärraumzone ist als brettverschalte, weitgehend geschlossene Holzfachwerkkonstruktion ausgeführt. Die Oberlichtbänder der Dusch- und WC-Räume, und die konstruktionsbedingten Alu-Tropfleisten im Höhenmodul von 45 cm gliedern auf subtile Weise die Fassade.
Unter der Traufe verläuft ein Fensterband zur Belichtung der im durchgehenden Dachraum plazierten Haustechnikzentrale. Der filigran und leicht wirkende, teils offen und teils raumhoch verglaste Erschließungsgang aus Stahl und Glas auf dieser Gebäudeseite unterstreicht den rational-additiven Charakter dieser klösterlich strengen Architektur.

Wohn- und Bürohaus in Berg, Pfalz

**Architekten: Rainer Gebhard,
Rainer Franke, Berg/Karlsruhe**

Am Übergang vom alten Dorfkern zur neueren Orts-
erweiterung des kleinen südpfälzischen Berg steht
unübersehbar im monotonen Einerlei von eitlen Ein-
familienhäuschen üblicher Konvenienz das einfache,
an seinen Giebelenden markant zur Gänze verglaste Wohn- und Bürohaus des Architekten Gebhard.
Von ferne wirkt das 1geschossige, auf einem
schmalen Eckgrundstück errichtete Gebäude wie
eine, im alten Dorfteil mitunter noch anzutreffende
lange Bauernscheune. Beim Näherkommen sieht es
eher wie eine Art Reihenkettenhaus aus, zusammen-
gefaßt jedoch von einem durchgehenden flach-
geneigten und mit Wellblech hellgrau eingedeckten
Satteldach.
Drei im Grundriß etwa gleichgroße Gebäude von
8 x 8 m, miteinander verbunden durch verglaste Er-
schließungs- und Sanitärraumgelenke, bilden längs
der Straße eine formal mittenakzentuierte Reihe.
An der Kreuzung im Osten befindet sich über einem
Untergeschoß mit Besprechungsraum und Modell-
bauwerkstatt das gemeinsame Büro der Architekten.
Der partiell über zwei Geschosse reichende Wohnteil
der Familie Gebhard ist zum Garten hin orientiert.
Dazwischen sind quasi in einem eigenen Schlafhaus
beidseits eines Flurs vier Schlafräume mit kleinen

Emporen für die fünfköpfige Familie angeordnet.
Darunter im abgegrabenen, natürlich belichteten
und belüfteten Untergeschoß liegen das Gästezimmer und der Wirtschaftsraum mit Heizung.
Die Baukonstruktion verdient besondere Beachtung,
da sie vom Einsatz naturbelassener Materialien und
vom Tragsystem her für ein Wohnhaus ungewöhnlich
ist. Sie trägt ästhetisch zur positiven Gesamterscheinung ebenso wie ökonomisch zur kostengünstigen Realisierung maßgeblich mit bei.
Die Tragwände aller drei Gebäudekuben bestehen
aus gedämmtem KS-Mauerwerk; nicht nur, weil es
trag- und wärmespeicherfähig ist sondern weil es
darüber hinaus optimalen Schallschutz gegen
Außen- wie Innenlärm gewährt. In die massiven Um-
randungen des UG ist zur Aufnahme eines leichten
Trapezblechdecks als Tragschicht für den Bodenauf-
bau (Heizestrich) ein filigranes Stahlskelett aus
Rohrstützen und Doppel-T-Trägerlagen im Abstand
von 2,5 m hineingestellt. Im Erdgeschoß des Schlaf-
hauses tragen 4 Stahlsäulen die über dem Flur lie-
genden Emporen.
Das Satteldach ist als Pfettendach konstruiert.
Die Firstpfettenlast wird auf die Querwände, bzw. an
den verglasten Giebeln über eine Art Sprengwerk
auf die Längsmauern abgetragen, so daß das Dach-
volumen als nutzbarer und optisch wahrnehmbarer
Innenraum wirksam wird. Ein bombiertes Alu-Well-
blech bildet analog zur Außendeckung tonnenartig
im Innern die optisch ruhige Deckenuntersicht.

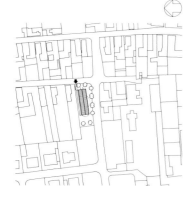

Die Giebelfassaden von Büro- und Wohnflügel sind formal und konstruktiv nahezu identisch. Sie sind voll verglast und streng symmetrisch aufgebaut. Augenfällig die Feingliedrigkeit der Fensterwand aus T-Profilen. Einzig an den Gebäudeecken tritt hier das KS-Sichtmauerwerk als Verblendung der kräftigen, aus dem Boden aufragenden Stiele eines umgekehrten Stahlbetonrahmens nach außen in Erschei- nung. Ein notwendiges Tragwerkselement zur Aussteifung der Längswände und zur Aufnahme des Sprengwerkschubs in den Giebelebenen.

Der am Giebel um die Ecke her-
umgeführte Dachüberstand, ein
früher übliches Baumotiv, modern
interpretiert, schützt hier die oberhalb der Glasbausteinausfachung
angeordneten Lüftungslamellen
vor Schlagregen.
Der zwischenzeitlich bei Architekten durch schlechte Anwendungs-
beispiele verpönte Glasbaustein
erfährt auch an diesem Haus
allenthalben seine berechtigte
Renaissance. So ist, dank dieses
Materials, z.B. das Treppenhaus
nicht nur einbruchsicherer sondern im Inneren auch sehr licht
und hell. Überhaupt zeichnet sich
das Gebäude durch die Verwendung unkonventioneller Materialien im Inneren wie Blech, Draht,
Gitterroste etc. aus.

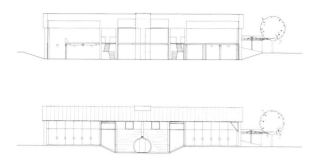

Weiß geschlämmtes KS-Sichtmauerwerk im 12 DF-Format,
zementgrauer, glatt geschliffener,
in dunklen Stahlrahmen gefaßter
und imprägnierter Estrich am
Boden sowie die leicht gewölbte
Segmentbogentonne aus klein-
gewelltem hellgrauen Aluminium-
blech als Deckenuntersicht
bestimmen die eigenwillig kühle,
aber dennoch lichte und freund-
lich wirkende Atmosphäre im
Wohnteil dieses Hauses.

Auch das kann man mit
Kalksandsteinen machen:
Türme bauen und zwischen ihnen
spielen. Kalksandsteine beflügeln
die Phantasie. Mit unserem
„kleinen Element" eröffnen sich
Ihnen zahllose Variations-
Möglichkeiten, so daß dem
Architekten, der mit Kalksandstein baut, in der Gestaltung
kaum Grenzen gesetzt sind.

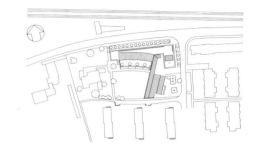

Publikationen:
Baumeister 7/94

Schulerweiterung Kappelerhof in Baden, Schweiz

Architekten: Dolf Schnebli, Tobias Ammann, Flora Ruchat-Roncati, Zürich

Es geht hier im schweizerischen Baden um eine städtebaulich wie architektonisch gleichermaßen gelungene Erweiterung einer kleinen Quartierschule aus den 50er Jahren. Das Schulgrundstück grenzt im Norden unvorteilhaft an die lärm- und abgasträchtige Kantonsstraße nach Brugg.

Es lag nahe, den winkelförmigen und drei Geschosse hohen Erweiterungsbau von etwa 70 Metern Länge quasi als weitgehend geschlossenen Schutzwall gegen die störenden Emissionen dieser Straße zu errichten. In diesem, west-östlich parallel zur Straße verlaufenden Schenkel des Neubaus befinden sich, über drei Geschosse verteilt, 9 nach Süden zum ruhigen Schulhof orientierte Klassen- bzw. Werkräume sowie ein Lehrerzimmer.

Die Erschließung dieser akustisch sensiblen Räume erfolgt über eine teilweise zweigeschossige, auf der Straßenseite verlaufende Eingangs- und Garderobenhalle. Deren Außenwand zur Straße hin ist aus Schallschutzgründen schwer und massiv ausgebildet, außen mit hellem KS-Sichtmauerwerk verkleidet und im Erdgeschoß nur mit einem schmalen Sehschlitz über die gesamte Länge der Halle bzw. im Obergeschoß mit einem Band kleiner Gucköffnungen versehen.

Ein offener überdeckter Gang verbindet diese, zum Schulhof sich öffnende Halle mit dem 2geschossigen Altbau auf dem rückwärtigen Grundstücksteil. Den westlichen Abschluß des Klassentrakts bildet

ein separat zugängliches Jugendhaus gleicher Geschossigkeit.

Der auch über die Schulhalle zugängliche Ostflügel nimmt die Aula mit kleiner Bühne auf. Sie dient gleichzeitig auch als Mehrzweckhalle für kulturelle, politische oder sonstige Veranstaltungen der Quartiersbewohner.

Im Anschluß an die Aula, nach Süden zu, sind im Erdgeschoß Räume für die Mittagsbetreuung, Spiel- und Musikzimmer sowie das Schulbüro angeordnet. Unter dem Aulatrakt befindet sich eine mit Holzschnitzeln betriebene Heizzentrale, ein Holzschnitzelsilo, Luftschutz- und Abstellräume.

Die Schule bildet in ihrer heutigen Form zusammen mit einem im Westen angrenzenden Kindergarten und einer benachbarten alten Kirche ein funkionell, räumlich und städtebaulich gelungenes Ensemble. Mit ihrem vielfältigen Raumangebot genügen diese Einrichtungen nunmehr den Bedürfnissen der Bewohner aus den mehrgeschossigen Zeilenbauten des angrenzenden Wohnviertels und bilden auf diese Weise hier den gesellschaftlichen und kulturellen Mittelpunkt des Quartiers.

Was diese relativ kleine Schulerweiterung architektonisch so bemerkenswert sympathisch macht, ist die bar jeder modischen Attitüde, situationsgerecht aus den ungünstigen städtebaulichen Gegebenheiten an der lauten Kantonsstraße, logisch aus den Schulfunktionen und materialgerecht aus den sinnvoll eingesetzten Baustoffen entwickelte Ensemble- und Gebäudegestaltung. Überzeugend ist die selbstverständliche Übereinstimmung von Inhalt und Form sowohl in technischen Details als auch in der architektonischen Konzeption.

Verblüffend ist die mit einfachen architektonischen Mitteln erreichte, ungewöhnlich spannungsvolle Innenraumgestaltung der Eingangs- und Treppenhalle: Natürlich belassene, robuste Materialien wie KS-Sichtmauerwerk, Beton- und Natursteinplatten, die subtil gegliederte Raumfülle in hohe/niedrige, schmale/breite, geschlossene/geöffnete, helle/dunkle Raumpartien, eine außergewöhnliche Lichtführung infolge prägnanter Fensterformen in ungewohnter Anordnung, die ebenso übersichtliche wie erlebnisreiche Wegführung zu den Klassen und zur Aula sind gestalterische Momente, die geeignet sind, in den Kindern auf selbstverständliche Weise durch tägliches Architekturerlebnis nachhaltig Verständnis für zeitlose, in jeder Hinsicht gute Architektur zu wecken.

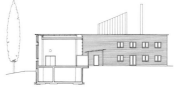

Der Schulhof ist vor dem Untergeschoß abgegraben. Aus einem künstlich geschaffenen Wassergraben erhebt sich eine natursteinbefestigte Böschung.

Die leicht konkav geschwungene Front mit den dahinter befindlichen Klassenräumen ist völlig verglast. So öffnet sie sich großzügig nach Süden zum Hofraum und bezieht diesen erlebnismäßig in die Innenräume mit ein.

Ein weitausladender Dachüberstand und gitterrostbestückte Fluchtbalkone auf jeweiliger Deckenhöhe geben der Fassade Tiefe sowie Witterungsschutz. Das elegant, leicht und zeitlos wirkende Erscheinungsbild dieser Fassade weist Formmerkmale guter 50er-Jahre-Architektur auf. So erinnert deren Gliederung entfernt an Pfau's architektonisch vorbildliches „Haus der Glasindustrie" in Düsseldorf von 1951.

Büro- und Wohngebäude in Schallstadt

Architekt: Manfred Morlock, Schallstadt

Das hier vorzustellende Büro- und Wohngebäude liegt am Ortsausgang von Schallstadt, einem südlichen Vorort von Freiburg im Breisgau.
Am Rande eines Gewerbegebiets mit angrenzenden Maisfeldern und baumbestandenen Bruchwiesen hat sich der Architekt, der dreieckigen Grundstücksform folgend, entlang der Erschließungsstraße ein langgestrecktes, 3geschossiges, teils auch fremdvermietbares Bürogebäude, und dahinter einen kompakten, quadratischen, ebenso hohen Wohnhauskubus für seine Familie errichtet.
Die sechs Meter tiefen Büroräume öffnen sich aus energetischen Erwägungen über geschoßhohe Fensterwände zur Gänze nach Süden, Osten und Westen. Ein gebäudehoher Arkadengang entlang der verglasten Südfassade schafft zusammen mit einer Reihe neugepflanzter Bäume den notwendigen Sonnenschutz.
Die schmale Grundrißzone auf der Nordseite mit Sanitärräumen, Archiven, Abstellräumen, etc. ist hingegen zum Wohnhaus hin weitgehend geschlossen und fungiert so gewissermaßen als Sichtschutz und Klimapuffer gegen die kalte Wetterseite.

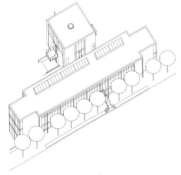

Das im Grundriß quadratische, streng symmetrisch aufgebaute und der Landschaft zugewandte Wohnhaus ist im wesentlichen ostwest-orientiert. Es ist durch einen offenen Steg mit der Eingangshalle des Vorderhauses verbunden und von der Straße aus auch nur über dieses Treppenhaus zugänglich.
Die sich weit zur umgebenden Natur öffnende Ostfassade des Wohnhauses spiegelt, ebenso wie die komplementäre Westseite, unverkennbar den symmetrischen Grundrißaufbau des Hauses nach außen wider. Im Untergeschoß sind zwei kleine, von außen separat erschlossene Einliegerwohnungen und ein Kellerraum angeordnet.
In den beiden Geschossen darüber befindet sich, räumlich verbunden durch eine offene dreiläufige Treppe und eine säulengetragene Empore im Hauszentrum, die Wohnung des Architekten.
Der Wohnraum im Erdgeschoß öffnet sich über raumhohe Fensterwände und zwei weit ausladende abgehängte Balkone räumlich großzügig zu den umgebenden Feldern und Wiesen.
Typisch für die Ästhetik dieser unprätentiösen Architektur ist der Verzicht auf technoide Details und die auffällig im Kontrast stehende Transparenz filigran verglaster, geschoßhoher Fensterwände und der Geschlossenheit ruhiger, hell verputzter KS-Mauerwerksflächen.

Mitten im satten Grün der Bäume und der Maispflanzung stehen selbstbewußt die in ihrer architektonischen Kargheit und Klarheit markanten, funktionsbedingt unterschiedlich geformten und weiß verputzten Mauerwerks-Kuben des Bürotrakts und des Wohnhauses.
Den heute viel beschworenen Wunsch nach der Nähe von Arbeitsplatz, Wohnung und Natur hat sich hier ein Kollege in einem Gewerbegebiet nahe der Großstadt Freiburg funktionell plausibel, architektonisch zeitlos und ökonomisch-ökologisch in nachahmenswerter Weise verwirklicht.

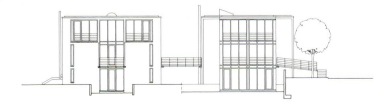

Ähnlich wie bei Charles Moore, der das Wohnhaus für dessen Bewohner immer auch als den Mittelpunkt der Welt sieht, ist hier die Hausmitte, der Raum unter der Empore, mit vier Säulen dezidiert abgesteckt und auf diese Weise baulich-räumlich markiert, und ädikulaartig als etwas Einmaliges und Besonderes, als Dreh- und Angelpunkt der Hausgemeinschaft, hervorgehoben.

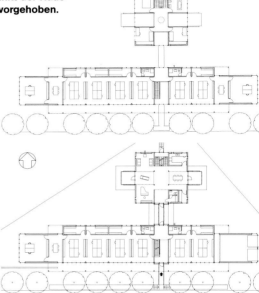

Die nur vertikal gegliederten, raumhohen, durch keinerlei massive Brüstungen verstellten Fensterwände artikulieren ungewöhnlich sensibel und nuanciert die Grenze zwischen rationalem, gebautem Innenraum und organischem, naturwüchsig belassenem Außenraum. Wenige, wohltuend aufeinander abgestimmte Strukturen, Farben und Materialien, so der helle Wand- und Deckenputz, die filigranen Fensterrippen und der warme Holzton des Parketts prägen innen die natürliche, sympathisch wirkende Atmosphäre aller Räume. Die Reduktion aller Bauteile auf das baukonstruktiv und funktionell unabdingbar Notwendige verleiht dieser sparsam, fast spartanisch zurückhaltend wirkenden Architektur einen zeitlosen Charakter.

Auswahl

Die Leitartikel in KS Neues befassen sich mit allgemeinen Problemen des Architektur-geschehens.

**Lesesaal der Fachbereichs-
bibliothek der Katholischen
Universität im Ulmer Hof
in Eichstätt**

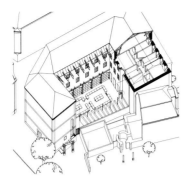

Bauen in historischer Umgebung

Neues Bauen in alter Umgebung ist etwas sehr
Selbstverständliches, ist ein Problem, das es immer
gab. Die Baugeschichte der Stadt Eichstätt ist Beispiel dafür. Eine mittelalterliche Stadt, im 30jährigen
Krieg teilweise zerstört, wurde auf dem mittelalter-
lichen Stadtgrundriß barock aufgebaut. Es entstand
eine Barockstadt mit den Elementen dieser Zeit,
jedoch ohne typische Barockachsen.
Aus der Überlagerung von Mittelalter und Barock entstand Spannung, eine Spannung durch die diese
Stadt einen zusätzlichen Reiz erfährt.
Ich habe in Eichstätt seit 25 Jahren in diesen Span-
nungen und Bindungen gelebt und gearbeitet. Reine
Renovierungen, Renovierungen mit Umnutzungen
historischer Gebäude und schließlich die Einfügung
neuer Gebäude in die historische Stadt – dies waren
meine Aufgaben. Natürlich habe ich nicht nur als
Praktiker gewirkt und gebaut. Ich habe auch nach-
gedacht und folgende Gedanken scheinen mir für
meine Arbeit und auch für ähnliche Aufgaben wichtig.
1. Heute wird viel von der Struktur einer Stadt, oder
der Struktur einer Straße gesprochen, die es auf-
zuspüren gilt, um daraus eine neue Architektur zu
entwickeln.
Dieser Gedanke ist im Ansatz sicherlich richtig. Nur,
wenn Strukturen mit Texturen – also Oberflächen
verwechselt werden, überrascht es nicht, wenn die
Ergebnisse dem lebendigen Gebilde Stadt nicht ge-
recht werden. Ich glaube, daß es nicht darum gehen
kann gedankenlos historische Oberflächen zu übernehmen. Ich glaube vielmehr, daß die Struktur einer
historischen Situation auf einer anderen Ebene zu
suchen und zu finden ist.
So prägt der Inhalt einer Stadt, das was in ihr geschieht, ihr Gesicht.
Wird zum Beispiel bürgerliches Wohnen durch einen
Supermarkt verdrängt, so kann eine noch so ge-
schickte Verpackung die Strukturänderung nicht auf-

halten. Wir sind immer wieder in der Gefahr, Architektur als etwas Statisches zu sehen und vergessen, daß
der Mensch mit seiner Bewegung und seinem Tun
untrennbar mit dem Phänomen Architektur verknüpft
ist, daß beide in einer Wechselbeziehung zueinander
stehen. Das hat zur Folge, daß Änderungen im
menschlichen Verhalten Architektur verändern.
Räume – ob nun Innenräume oder Plätze – sind nach
menschlichen Bedürfnissen entwickelt, waren die
Antworten auf eine bestimmte gesellschaftliche
Situation, zu einer bestimmten Zeit. Hier müssen wir
ansetzen, müssen uns Klarheit verschaffen – eine
Strukturanalyse erstellen und deren Ergebnis allen
neuen Überlegungen zugrundelegen. Wir müssen
entscheiden, welche baulichen Elemente – bedeu-
tende Gebäude, Plätze, Straßen sowie ihre räumliche
Struktur – einer Stadt zu erhalten sind. Diese müssen
in alle neuen Planungen miteinbezogen werden, um
die Individualität der Situation zu erhalten.
2. Es ist unbestritten, daß Architektur in der Vergangenheit sowohl mit ihren Einzelelementen, als auch
ihren räumlichen Gebilden zur Disposition stand.
Architektur war immer auch Baustoff der wiederver-
wendet wurde, mit dem man zwar unsentimental aber
dennoch behutsam umging, und den man unabhän-
gig von der ursprünglichen Funktion einer neuen
Nutzung zuführte.
Auch jetzt wird historische Architektur auf Dauer nur
zu erhalten sein, wenn es erlaubt ist hier nach neuen
Antworten zu suchen.
Antworten, die mit heutigen Konstruktionen, heutigen
Materialien zu finden sind. Dieser Vorgang ist eine
Gratwanderung, die vom Architekten ein Verhältnis,
sowohl zur historischen als auch zur modernen Archi-
tektur verlangt.
Weiterhin sollte der Architekt bereits im Vorfeld der
Planung, bei der Suche nach einer neuen Nutzung
beteiligt werden. Er hat gelernt funktionale Forderun-
gen und Wünsche in Raum umzusetzen und ist in der
Lage nicht nur quantitativ, sondern vor allen Dingen

qualitativ das vorhandene Raumangebot zu werten, um daraus Schlüsse für alternative Nutzungen zu ziehen.

Hier in Eichstätt war ich häufig an diesen Vorentscheidungen beteiligt, konnte in Diskussionen dazu beitragen, daß so manche Nutzungswünsche an bestimmte Bauten gar nicht erst gestellt wurden und für andere Gebäude Nutzungen anbieten, die die Nichtfachleute überraschten. Nutzungen die sich über das Einzelobjekt hinaus auf einen ganzen Bereich – ein ganzes Quartier belebend und verändernd auswirkten.

3. Imitation, vordergründige Anpassung löst Probleme nicht, weder bei der Einfügung neuer Gebäude in Altstadtkerne noch bei Veränderungen, die aus neuen Funktionen bei einer Umnutzung historischer Gebäude entstehen. Konstruktion, Material, die formalen Faszinationen der Zeit bestimmen den Entwurf. Die Konzepte sind unter der Forderung entwickelt, Übergänge nicht zu verschleifen, Gestern und Heute klar zu trennen. Ich habe dies mit dem Wort „Nahtstelle" umschrieben, glaube jedoch, daß der Begriff „Schichtung" dieses Problem besser trifft. Wie im Einzelfall die Schichtung angelegt wird hängt von der Situation ab und ist vor allen Dingen eine Frage der Qualität. Historische und neue Qualität treten in einen Dialog, bilden miteinander etwas Neues. Wie ein Rot (um ein Beispiel aus der Malerei zu zitieren) sich dadurch verändert, daß man ihm z.B. ein Grün hinzufügt, also ein neues Rot wird – verändert sich eine bestehende Situation durch das Hinzufügen eines Elementes, aus beiden entsteht etwas gemeinsames Neues.

Z.B. bei der Renovierung der Sommerresidenz haben wir die Schichtung so konzipiert, daß die Raumschale im Sinne des alten Konzepts zu Ende restauriert wurde. Alle neuen Einbauten in Material, Farbe und Konstruktion sind Elemente unserer Zeit, die sich maßstäblich einordnen. Während es sich bei der Sommerresidenz um einen Einbau handelt, ist das Juramuseum eine Ergänzung. Hier verläuft die Schichtung durch das Gebäude. Der noch vorhandene Gewölberest konnte die Lasten nicht aufnehmen, dennoch wurde er erhalten und zu Ende restauriert. Der Raum wurde mit einer Betonkassettendecke geschlossen, die in eine Spannung zu dem Gewölbe tritt und dadurch die Atmosphäre des Raumes bestimmt. Eine Überlagerung wird sichtbar, wie bei einem medizinischen Präparat, die einzelnen Schichten seziert und freilegt. Natürlich muß man darauf achten, daß der Zusammenhang erhalten bleibt, der Raum nicht auseinanderfällt.

4. Bauwerk und Architekturdetail stehen in enger Wechselbeziehung zueinander. Wie das Architekturdetail logisch aus der großen Form entwickelt wird, ist es das Detail, das die Architektur, das Gebäude trägt. Architektur wird aus wechselnden Standpunkten erlebt. Das Detail übernimmt in der direkten Begegnung die Aufgabe, Architektur zu „begreifen". Die Qualität des Details hat meiner Meinung nach eine entscheidende Bedeutung für die Ausstrahlung einer Architektur, für ihre Atmosphäre. Diese Tatsache scheint nur Architekten bekannt zu sein, denn wie ist es sonst zu verstehen, daß bei der Renovierung von historischen Gebäuden dermaßen unbekümmert mit noch intakten Details umgegangen wird.

Eine Stadt – eine Straße kann allein über das heimliche Auswechseln von Details ihren Charakter so verändern, daß sie „umkippt", ihre ursprüngliche Atmosphäre verliert.

Natürlich muß das neue Detail, das heute erfunden wird aus seinem Material und seiner Konstruktion entwickelt werden. Es liegt nahe, daß Industrie-Formen Umsetzungen erfahren und über das Detail in unsere Bauten integriert werden.

Dasselbe gilt für Materialien, die in neue Zusammenhänge gebracht werden und ähnlich wie bei der Großform, in der Überlagerung Spannung und Reiz erzeugen. Untersucht man die Architektur, kann man historische und gegenwärtige Architektur nicht mit unterschiedlichen Maßstäben bewerten.

Architektur löst immer die gleichen Probleme: Geltendmachung des Materials und dessen Struktur, die Anwendung des Rhythmus, der Symmetrie und der Asymmetrie, das Ausnützen des Lichtes und des Schattens, der Tektonik oder der Plastizität der architektonischen Massen, ihres Maßstabes und der wechselseitigen Proportionalität der Bauten.

Die Vielfältigkeit und Vielseitigkeit historischer Architektur verlangt, daß wir mit Phantasie und Freude darauf reagieren. Wir müssen mit unseren Erfindungen und unseren Wünschen an die historischen Gebilde herangehen, um sie lebendig zu machen. Der Wert der von historischer Architektur ausgeht, liegt in der Vielfalt der Details, liegt in der Qualität derselben. Es ist interessant zu beobachten wie unterschiedlich scheinbar gleiche Elemente sind. Diese Differenzierung macht den Reiz historischer Städte aus, hieraus entsteht Individualität, die aber eine übergeordnete Verbindlichkeit nicht leugnet. Dies ist aus einer Geisteshaltung heraus entstanden und war niemals Tarnung. Ich glaube, daß es auch heute möglich sein muß die Probleme zu lösen, allerdings nicht über die Tarnung und nicht über einen falsch verstandenen Individualismus, der im Grunde Egoismus ist.

Karljosef Schattner

**Abbildung oben:
„Befreites Wohnen" als große
Utopie – die Villa Savoye in
Poissy bei Paris, 1929 – 1931.
Architekt: Le Corbusier**

Die große und die kleine Utopie

Wann immer Bauen als planvolle Handlung betrieben
worden ist, ging es auch um die Bewältigung von
Zeit. „Entwurf" und „Projekt" zeigen es in ihrem Namen
an; es sind „Würfe", „Projektionen" in die Zukunft.
Wo nichts war (oder etwas anderes), soll Neues sein.
Alle Vorgänge, die im Zusammenhang mit einem
Neubau eingeleitet werden müssen, sind bewußte
Organisation von Zeit und zielen auf einen vorweg-
genommenen künftigen Zustand: Skizze, Vorprojekt,
Ausführungsplanung, Genehmigungsverfahren,
Ausschreibung, Baudurchführung. Die Tätigkeiten
des Architekten sind Beihilfe zur Ver-Gegenwärtigung
einer vorgestellten Zukunft. Bauen ist insofern ein
Musterbeispiel jenes menschlichen Vermögens,
das in der Antizipation einer andersartigen Zukunft
besteht.
Es nimmt daher nicht wunder, daß Architektur stets
dazu gedient hat, dem utopischen Denken das
Anschauungsmaterial zu liefern. Das Himmlische
Jerusalem war ebenso als gebauter Ort gedacht,
volkreich und von stolzen Kuppeln bekrönt, wie das
Utopia des Thomas Morus, das der britische Lordkanzler sich als Geflecht aus Städten und Gehöften
nach dem Bilde Englands unter König Heinrich VIII.
vorstellte, oder der Sonnenstaat des Tommaso
Campanella, ein gewaltiger, hierarchisch angelegter
Stadtberg. In der geplanten Welt spiegelt sich jeweils
die projektierte Staatsverfassung wider – und die
eigene Lebenserfahrung, ins Ideal erhöht. Aber die
Architektur durfte nicht nur die Utopie ausschmücken
helfen. Wer sich ihrer bediente, mußte in Rechnung
stellen, daß ideale Orte niemals die gegenwärtigen
Orte sind. Utopie heißt Nicht-Ort, Nirgendwo.
Die Beschreibungen der klassischen Utopien suchen
einerseits die wünschenswerte Verfassung der Gesellschaft zu vergegenwärtigen und benötigen daher
räumlich-anschauliche Darstellungsmittel. Sie suchen
andererseits klarzumachen, daß der erhoffte Zustand

des Daseins nicht hier und jetzt und vielleicht überhaupt nicht zur Gänze realisiert werden kann, allenfalls als Ziel des Handelns wirksam wird. Das Utopische ist das, was die Geschichte bewegt, sich aber außerhalb der Geschichte befindet. Der Begriff des „Hiatus" war deshalb auch und erst recht für die politisch-soziale Utopie (und in einem noch weiter reichenden Sinn für das architektonische Projekt) wichtig. Hiatus bedeutet in der Utopie nicht nur den Abstand, den einer zu sich selbst einnimmt. Er bedeutet vielmehr die unüberbrückbare Distanz zwischen dem gegenwärtig Gegebenen und dem für die Zukunft Erstrebten; er trennt die Orte von den Noch-nicht- und Niemals-Orten.

Aus diesem Grunde haben die Utopien-Schreiber stets auf der physischen Unzugänglichkeit der beschriebenen Orte bestanden. Das lateinische „Hiatus" bedeutet wörtlich Öffnung, Kluft, Schlund. Utopische Staaten liegen hinter unübersteigbaren Gebirgen, jenseits unbetretbarer Wüsten, zuallermeist aber auf Inseln. Zu ihnen gelangen die Berichterstatter vorzugsweise als Schiffbrüchige. Dank abenteuerlicher Zufälle können sie, zurückgekehrt, dem heimischen Publikum ihre – wie Karl Marx und Friedrich Engels es genannt haben – „phantastischen Schilderungen der zukünftigen Gesellschaft" abliefern. Aber auf eine Anleitung, wie ihre utopischen Eilande zu erreichen seien, verzichteten sie, manchmal unter listigen Vorwänden. Als Thomas Morus 1516 in seiner „Utopia" die imaginäre Vorgeschichte seines Werkes rekapitulierte, behauptete er, ein Portugiese, der „mehr auf Reisen aus ist als auf einen Grabstein in der Heimat", habe ihm vom idealen Staat Utopia erzählt. Er, der englische Lordkanzler, sei aber nicht auf den Gedanken gekommen, seinen Gewährsmann zu fragen, wo eigentlich die Insel Utopia liege. Den Freund von Utopien verwundert es wenig. Die beschwerliche Expedition, die der Erzähler oder seine Vertrauensperson nach Utopia, Neu-Atlantis oder zum Sonnenstaat unternehmen muß, ist die lange Reise in eine andere menschliche Verfassung, die von der hiesigen, nicht der Entfernung, sondern der Qualität nach, geschieden ist. Die Utopie ist der Politik als der Kunst des Möglichen ebenso entrückt, wie sie als Kritik an ihr politisch ist. Zur Utopie gehört der Anspruch auf Verwirklichung und die Einsicht in die Unmöglichkeit, diesen Anspruch innerhalb der gegenwärtigen Bedingungen einzulösen. Von anderen Zielen prospektiven Handelns unterscheidet sie sich dadurch, daß sie nicht in einem Kontinuum der Zeit, das sich von der Gegenwart in die erhoffte Zukunft erstreckt, zu erreichen ist. Um die utopischen Inseln zu erblicken, muß man Abschied von allem nehmen, sich einschiffen, jedes Risiko eingehen, neues Land betreten.

Gegen diese Bedingungen utopischer Fabulierkunst haben die meisten Architektur-Utopien dieses Jahrhunderts verstoßen. Zwar malten die Visionen der expressionistischen Generation ein künftiges Dasein aus, das nach dem Umfang aller Veränderungen nicht von dieser Welt sein konnte. Rousseau, die Frühsozialisten, Nietzsche, Kropotkin hatten ihren Anteil daran. Aber schon die klassische Moderne der 20er Jahre tat, als stünde das Reich des Anderen Menschen unmittelbar vor der Tür. Neu mußte alles sein: das „Neue Bauen", die „Neue Linie" und die „Neue Schönheit", das „Neue Heim" und die „Neue Photographie", das „Neue Frankfurt" und das „Neue Berlin". In der neuen Architektur würde sich der moderne Mensch befreit bewegen, in unverstellten Räumen, entlastet von ererbtem Besitz und allen unnötigen und beschwerlichen Dingen, ein heiterer Asket, dem die Leere zur Fülle wird. „Der moderne Mensch braucht: Weite, Licht, Sauberkeit, Ruhe; nichts im Raum soll ihn beengen oder belasten". So beschrieb es Heinrich Lauterbach 1929, so dachten viele, und so bauten es einige – dann nämlich, wenn sie einen vermögenden Bauherrn für ihre Ideale gewinnen konnten. Aber auch im Massenwohnungsbau steckte die franziskanische Utopie: in der kalkulierten Knappheit, in der fabrikmäßig konzipierten, wenn auch zumeist mit der guten alten Mörtelkelle hergestellten Serie, in der Gleichartigkeit der Wohnungszellen, die ein Symbol für die Gleichheit aller war, in der Ökonomie der Mittel, die nicht nur ein wirtschaftliches, sondern auch ein ästhetisches Programm war. Dessen Universalität sollte alle Lebensbereiche umfassen, die Internationalität der Avantgarde alle nationalen Schranken überwinden. Die „totale Architektur" des Walter Gropius! Die Lebenswelt wird nach dem Vorbild der Maschine angelegt, der Schrecken der Industrialisierung durch Anverwandlung zu bannen versucht – so wie einst die magischen Kulturen sich die Kräfte des gefürchteten Feindes in der Maske des Gegners zu eigen gemacht hatten.

Es ist oft bemerkt und kommentiert worden, daß unter den zeitgenössischen Maschinen vor allem der Ozeandampfer die Zuneigung der Avantgardisten hatte. Sogar an der binnenländischen Spree hat man der Ozeanik gehuldigt. Hans Scharoun wußte die maritimen Anspielungen selbst im sozialen Wohnungsbau an der Jungfernheide unterzubringen. Erich Mendelsohns Umbau des Tagblatt-Hauses wurde in seinem Büro „die Einfahrt der Mauretania in den Berliner Westhafen" genannt. Im Bild des Schiffes wirkt jene Ablösung von allen überkommenen Zuständen nach, die früher die utopische Literatur ausgezeichnet hatte; Ernst Bloch sprach von den reisefertigen Häusern, in denen sich – wie bei den Schiffen – Abschied ausdrücke. Die großen Passagierschiffe, diese komfortablen, bis auf den letzten Quadratzentimeter durchrationalisierten schwimmenden Städte, stellten geschlossene Systeme mit eigenem Reglement dar. Es waren moderne Inseln, auch sie von Wasser umgeben. Aber zugleich waren sie Transportmittel, die sich immer auf dem Wege befanden und nie ein definiertes Ziel erreichten – es sei denn das Dock zum Abwracken. Die Fahrt selbst, die „Kreuzfahrt", ist die Bestimmung dieser modernen Stadtarchen. In diesem Metaphernwechsel – Schiff statt Insel – zeigt sich der Schwund des utopischen Gehalts. Die Spannung auf eine Zukunft jenseits der kontinuierlichen Zeit, deren Sinnbild die Insel war, läßt nach oder erlischt, und damit wird auch die verändernde Kraft reduziert, die von der Utopie auf die jeweilige Gegenwart ausging.

Triste Gegenwart hat einen Utopisten des alten Schlages nie irritiert, eher ermutigt. Je größer das Malheur, in dem einer steckte, desto leuchtender waren die Visionen, die das Ende des Elends versprachen, und sei es noch so fern. Aber die Utopie, von der es heißt, sie sei ganz nah, ja fast schon Wirklichkeit, wird bereits durch den geringfügigsten Zufall in Frage gestellt: im Falle des Neuen Bauens durch die Erhöhung der Hypothekenzinsen, durch die Änderung der Förderungsbestimmungen im Sozialen Wohnungsbau oder durch die allzu offensichtlichen Spuren der ersten Bauschäden, kurz nachdem die Photographen ihre Stative zusammengeklappt hatten. Die Utopien von gestern sind die Alpträume von heute. Den Wunschbildern der 20er Jahre, die den Bereichen des Machbaren ohnehin näher waren als den Gefilden der Seligen, wurde vor allem entnommen, was den praktischen Interessen der Wohnungswirtschaft entsprach: Die Reduktion der Ansprüche an Größe und Individualität der einzelnen Wohneinheit (wobei die Forderungen der Avantgarde nach Einrichtungen des gemeinschaftlichen Bedarfs stillschweigend übergangen wurden), die kostensparenden Abstriche an Ausdruck und Ornament, die Rationalisierung der Baustellen. An die neuen Lebensformen, die von der Avantgarde intendiert waren, wurde kein weiterer Gedanke verschwendet. Als der Modernismus nach dem zweiten großen Krieg wieder Atem und Muße zu größeren Projekten gewonnen hatte, waren die sozialen Ingredienzen weitgehend verdunstet. Sofern die Megastrukturen der britischen Archigram-Gruppe und der japanischen Metabolisten, Yona Friedmans oder Eckhard Schulze-Fielitz' überhaupt eine Vorstellung von der Gesellschaft andeuteten, war es die einer mobilen Freizeit-Sozietät.

Unterstellt wurde eine Art Playboy-Dasein, das ein immerwährendes Ferienglück mit nicht näher nach-

gewiesenen Mitteln finanziert. Aber gerade bei einer Verwirklichung des permanenten Feierabends wären die verwöhnten Ansprüche der Freizeitler nach Abwechslung, Amüsement und Abenteuer kaum durch schlichten Ortswechsel zu befriedigen gewesen. Denn die Wahl der Möglichkeiten war nur eine Wahl von Möglichkeiten innerhalb des Systems. Die technokratischen Utopien der 60er Jahre lassen vermuten, daß die Reise, die der Bewohner von Plug-in-City in seiner Kapsel unternimmt, um sein Gehäuse an einer anderen Stelle gleicher Struktur neu einmontieren zu lassen, sich nicht von den mißglückten Ferien des Touristen unterschieden hätte, der sein Appartement im Betongebirge von Berlin-Britz mit einem Appartement im Betongebirge von Heiligenhafen vertauscht: Die Aussicht und die Aussichten bleiben dieselben.

Die permanenten Gerüste mit den wechselnden Einbauten standen im Zusammenhang mit einer zeitgemäßen Ideologie, die Freiheit und Selbstverwirklichung verhieß und sie ebenso wenig leistete wie Mobilität und Wegwerfpraxis: dem Do-it-yourself. Das vorgegebene Große und das austauschbare Kleine erschienen als die Lösung eines Dilemmas, das die Moderne bis dahin nicht bewältigt hatte. Im Gegensatz zu den großen Formenmachern der ersten Jahrhunderthälfte versprachen ihre Nachfahren, nicht nur die funktionelle und die ästhetische Ordnung zu sichern, sondern auch dem einzelnen die Chance einzuräumen, sich in seinem vorgeplanten Raumkompartiment nach eigenem Gusto einzurichten. Die Neutralstruktur sollte das Regelmäßige, Bekannte, Banale repräsentieren, ihre Ausfüllung dagegen der Aktivität, Originalität und Kreativität Spielräume freihalten. Mit solchen Exposés versuchten die Architekten, zu deren Berufsethos sonst die Einheitlichkeit der Erscheinung gehörte, über ihren eigenen Schatten zu springen. Ins Netz der Orthogonalen und Diagonalen oder auf weite Geschoßplatten zeichneten sie Chaos, wie Architekten es sich denken: als pittoreskes Nebeneinander der verschiedenen Stile, von Barock und Empire, Internationalem Stil und Brutalismus, und für ein paar Kollegen-Utopien war in den Gefachen auch noch Platz. Die private Enklave im total organisierten Ensemble wirkte freilich eher als Bestätigung denn als Durchbrechung des Zwanges. Bastelnder Eigensinn sollte das Alibi für Banalität und Reglement abgeben.

Die praktischen Probleme der Megastrukturen reichten von den hohen Anfangsinvestitionen über die ständige Bereithaltung der Systemelemente und die Bewirtschaftungs- und Organisationsschwierigkeiten bis zu den Fragen der Anmutung und Akzeptanz. Aber nicht nur deshalb erwies sich der Gedanke der

Großkonstruktionen als wenig hoffnungsvoll. Er berücksichtigte auch nicht die Grundvoraussetzung aller Utopien, den utopischen Hiatus. Denn genauer betrachtet waren die Megastrukturen nicht Utopie, sondern Futurologie, und oft nicht einmal das. Sie setzten nur fort, was in der eigenen Zeit längst angelegt war. Die Beobachtung Paul Virilios, daß die Revolution der audiovisuellen und elektronischen Medien die Vision eines neuen Nomadentums zerstöre, war noch nicht formuliert. Aber in der Sache trifft sie bereits auf den Utopismus der 60er Jahre zu. Niemand braucht sich mehr anderswohin zu bemühen, wenn ihm die Medien eben jene Bilder liefern, die er an anderem Ort ohnehin nur unter den Wahrnehmungsbedingungen des Medienzeitalters auffassen könnte.

Auch die konstruktive Substanz, der eigentliche Trumpf der Megastrukturisten, erwies sich als eine Verdoppelung dessen, was schon da war. Utopie, die sich erfüllt, ist keine mehr; der Verdacht liegt nahe, daß sie nie eine war. Paolo Soleris Pyramiden, die in ihren kristallenen Körpern prächtige Renaissancegewölbe bergen sollten, boten ein Vergnügen für die Phantasie, solange die delikaten Blätter in den Vitrinen der Ausstellungen lagen. Den anachronistischen Schrecken, der in ihnen steckt, offenbarten sie, als die ersten hilfswilligen Studenten, bei freier Kost und Logis, an der Herstellung der präfabrizierten Betonteile in Scottsdale, Arizona, zu arbeiten begannen. Die riskanten Raumfachwerke, die auf dem Papier anderer Designer emporwuchsen, wurden durch das Montagegebäude auf Cap Canaveral in den Schatten gestellt. Ihre letzte Faszination verloren solche Vorschläge mit den Aussichten auf einen Krieg der Sterne. Und wo lag der Witz kreisender Weltraumkolonien, nachdem Neil Armstrong den bewußten kleinen Schritt von der Raumfähre auf den Mondtrabanten vollzogen hatte? Sehr bald mußte Reyner Banham, der britische Architekturkritiker und Archigram-Sympathisant, die Megastruktur ein „bleichendes Skelett am dunklen Horizont unserer jüngsten Vergangenheit" nennen. Was für die Architekturgeschichte zurückblieb, war wenig mehr als ein für Ausstellungen kaum geeignetes Großmuseum im Pariser Marais und ein mit Kapseln besetzter Hotelturm nahe einer unvorstellbar lärmenden Stadtautobahn, die Tokios Ginza-Quartier umzingelt.

Der Abbau der utopischen Dimension, der an der urbanistischen Science-fiction deutlich wurde, ging zusammen mit einer Aufwertung der Historie, der Denkmalpflege wie der neuen Geschichtsfiktionen. Die späten 70er und die 80er Jahre haben alle Epochen verfügbar gemacht: die große Geschichtscollage Rom und die kleinere der Villa Hadriana, das toskanische Landgut, den italienischen Barockpalast, den romantischen Klassizismus, den amerikanischen Kolonialstil, die viktorianische Neugotik und dazu die Vorbilder, die auch der alten Avantgarde schon vor Augen gestanden hatten, die Tempel der Pharaonenreiche, die Akropolis, die anonyme Industriearchitektur, der japanische Skelettbau. Schließlich wurde die Moderne selbst bereits zum historisch gewordenen und damit zitierfähigen Requisit aus dem Depot aller Zeiten und Orte. Oft wurden diese Rückgriffe nicht mehr durchgearbeitet, verwandelt und integriert, sondern als bloße Schemata angedeutet oder als Reprisen wörtlich übernommen. Wie im Umgang mit der utopischen Zukunft scheint auch im Verhältnis zur Vergangenheit das Bewußtsein der Distanz, der „Hiatus", verlorengegangen zu sein.

Wer das ganze Wurzelwerk abschneidet, das an den geschichtlichen Figurationen hängt, wer sie von den Bedingungen reinigt, unter denen sie entstanden sind, und sie zum Spielmaterial reflexionslosen Entwerfens macht, bringt sie um ihre eigentliche Essenz. Der Historismus vergangener Zeiten hatte die Zäsur zwischen Gegenwart und Vergangenheit durchaus in Rechnung gestellt, wenn er seine Entlehnungen auf die ihnen zugeordneten Bedeutungen befragte, ihre Anwendbarkeit und Angemessenheit prüfte, ihre Neuinterpretation versuchte. Von Mißgriffen und Überzeichnungen des 19. Jahrhunderts abgesehen, ist die schiere Beliebigkeit im Umgang mit dem historischen Material erst ein zeitgenössisches Verhalten. Die Postmoderne hat sich der Vergangenheit ebenso gierig zu bemächtigen gesucht wie die Moderne der Zukunft, und beide haben in der Nichtachtung dessen, was Heute und Einst trennt, dem Geist der Zeiten der Herren eig'nen Geist untergeschoben. Im Effekt liefen beide Verfahren auf die Installation der Gegenwart als der einzig gültigen Zeitkategorie hinaus. Das künftige Einst wurde als die Fortsetzung des Jetzt vorwärts ins Futur gedacht, und das vergangene Einst in seiner Zweit- bis Zehntverwendung verlängerte das Jetzt zurück ins Präteritum. Gelegentliche Anflüge von Ironie zeigen an, daß die modernistischen Pläneschmiede wie die nostalgischen Vergangenheitsbeschwörer ihre Vorhaben selber skeptisch einschätzen. Ron Herrons wandernde Stadt auf spinnenförmigen Teleskopbeinen bedeutete für die Megastrukturen, was James Stirlings oder Charles Moores Stilmix für die derzeitigen Retrospektiven bedeutet: einen Wink für die Wissenden, daß die Bruchspalten zwischen den Zeiten unüberbrückbar sind.

Daß aber die Federführung für beide Prozesse, die Eingemeindung der Zukunft wie die der Vergangenheit, längst von den Designern auf jene Instanzen übergegangen ist, die über die Investitionen entscheiden, lehrt schon der Blick auf die zeitlichen Koinzidenzen. Die technologischen Utopien der 60er Jahre entstanden, als die in den Wiederaufbaujahren expandierte Bauwirtschaft nach großen Anschlußaufträgen suchte, um sich ihr Geschäftsvolumen zu erhalten. Und die Wiederentdeckung der Historie als Lieferant dekorativer Stimulanzien fiel in eine Phase, in der die Baukonjunktur der westlichen Industriestaaten dringender Revitalisierungsimpulse bedurfte, aber gleichzeitig die neu erwachte Empfindlichkeit gegenüber einem verschwenderischen Umgang mit den natürlichen Ressourcen berücksichtigen mußte. Die Postmoderne stellte stattdessen die Ressourcen der Vergangenheit zur Verfügung.

Hat der Begriff der Utopie unter diesen Umständen noch Sinn? Die materiellen Interessen haben sich stets der ideologischen und ästhetischen Signale bedient. Aber auch die soziale Wünschbarkeit eines „erfüllten Endzustands" (Ernst Bloch) steht in Frage. Der Differenzierungsbedarf ist groß in einer Gesellschaft, zu deren Grundverständnis es gehört, jeden nach seiner Fasson selig werden zu lassen. Aber es steht nirgendwo geschrieben, daß solche Charakterisierungen und Ausdrucksbefriedigungen auf die hurtigste und beschämendste Weise vor sich gehen müßten. Formal betrachtet läßt sich das Bauen als eine utopische Handlung en miniature verstehen, die sich mehr oder weniger unvollkommen ihrem Entwurfsziel über den „Hiatus" hinweg annähert. So müßte es auch für bescheidene, verträgliche utopische Inhalte offen sein: solche, die den Adressaten der Architektur nicht entmutigen, die ihm Freiräume lassen, seine Umwelt erklären, Möglichkeiten der Identifikation und Individuation anbieten. Die alternativen Gruppen, die Spontanbauer, die Kleinsiedler und Selbsthilfe-Gemeinschaften haben in den vergangenen Jahrzehnten ein Bauen versucht, das die Beteiligten nicht um die Gegenwart betrog, aber zugleich den Blick auf eine Utopie, die des selbstbestimmten Wohnens und Lebens, freihielt. Daß die kleinen Realisierungen nicht das große Wünschen verdrängen, daß andererseits die langfristigen Projektionen nicht das heute erreichbare Glück verbieten, ist eine Aporie jedes utopischen Denkens.

Ein Entwerfen, das die Fallstricke der großen Utopien vermeiden wollte, würde sich deshalb auf eine Hierarchie der Dimensionen einzulassen haben. Es würde Entscheidungen nur dann auf den hierarchisch oberen Ebenen der organisierten Gesellschaft treffen, wenn sie auf den unteren Niveaus nicht zu formulieren sind. Die Utopie des Neuen Bauens drang auf kosmopolitische Vereinheitlichung um jeden Preis, und die konstruktivistische Science-fiction der 60er Jahre bestand zumindest auf der Einheitlichkeit der

Groß- und der Normenverträglichkeit der Subsysteme. Die Idee des Gesamtkunstwerks, ebenfalls eine – ästhetische – Utopie, hat auch und gerade in der Anwendung auf die soziale Welt eine langdauernde Faszination ausgeübt, sowohl auf die demokratische Gesellschaft der Neuen Architektur wie auf deren politischen Antipoden, die faschistische Baukunst. Es war eine Argumentation der späteren 60er und 70er Jahre, am beredtesten vorgetragen von Robert Venturi und Colin Rowe, daß die Vielfalt und Widersprüchlichkeit der existierenden alten Städte gegen das unitarische Prinzip zu setzen sei, die Bastelei der spontanen Entscheidungen gegen das social engineering, die Villa Hadriana gegen Versailles, die vielen kleinen gegen die eine große Utopie.

Dieser Gedanke hat in sich selbst wiederum utopische Züge, auch wenn er selbst bereits auf die Erfahrung des Scheiterns der großen Projekte reagierte. Denn weder in der industriellen noch in der postindustriellen Gesellschaft wird die koordinierte Arbeitsteiligkeit, auf die viele Jahrtausende menschlicher Kulturtätigkeit zusteuerten, zugunsten der selbstgenügsamen Bricolage vieler einzelner aufgehoben werden können, und so wird auch ihr notwendiges Gegenstück, die zentrale Verwaltung der fraktionellen Abläufe, bestehen bleiben müssen. Auch die Verantwortung für Architektur wird dem Benutzer und Bewohner bestenfalls partiell zugespielt werden können – da, wo er über die Erfahrungen verfügt, die ihn zu sachkundigen Äußerungen legitimieren. Jenseits der Bürgerkompetenz bleibt es den Architekten aufgegeben, nach wie vor Inhalte für andere zu artikulieren, und ihre Aufgabe wird um so schwerer, je abstrakter und je weiter entfernt von ihnen die öffentlichen Räume lokalisiert sind. Überlieferte Substanz, örtliche Tradition, geschichtliche Bindungen (statt der unverbindlichen Offerten von allem und jedem) sind ihr Material ebenso wie die immateriellen Realitäten der pluralistischen Gesellschaft: die Vorstellungen, Erwartungen und Wünsche, die sich in den Köpfen gebildet haben. Das bleibt zu bearbeiten, kritisch zu analysieren, ins Eigene umzusetzen. Bauen an einem konkreten Ort, aber mit dem Blick auf eine utopisch wünschbare Stadt, ist eine gute Vorübung dazu und vielleicht auch schon die Sache selbst.

Wolfgang Pehnt

„Architektur und dreidimensionale Kunst sind sich gänzlich entgegengesetzt. Die erstere schafft einen Bereich mit einer bestimmten Funktion. Architektur, ob Kunstwerk oder nicht, hat zweckmäßig zu sein oder sie versagt. Kunst ist nicht zweckgerichtet. Wenn dreidimensionale Kunst einige der Eigenschaften der Architektur anzunehmen beginnt – etwa, brauchbare Bereiche zu bilden –, so schwächt das ihre künstlerische Funktion. Wenn der Beobachter neben dem größeren Maßstab einer Arbeit klein wird, dann betont diese Übermacht die körperliche und gefühlsmäßige Kraft der Form, auf Kosten der Idee."

Sol LeWitt

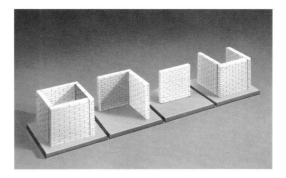

**Abbildung oben:
Das Holzmodell zeigt die quadratischen Wandscheiben, die in
vier Schritten von der einzelnen
Wand zum geschlossenen Kubus
führen.**

Sol LeWitt in Ostfildern – Ein ländliches Konzert

Mein erster Eindruck von Ostfildern war deutlich
unterschieden zu den anderen Städten, die wir in der
Vorbereitung der Ausstellung „Platzverführung" be-
sucht hatten. Es war die Landschaft und nicht so sehr
eine besondere Charakteristik der vier kleinen Bau-
erndörfer, die seit der Gemeindereform in den 70er
Jahren Ostfildern heißen. Ausgedehnte Streuobst-
wiesen, immer wieder kleine Gärten zwischen den
Feldern, auf denen auch Filderkraut angebaut wird,
etwas Wald, aber eben nichts Städtisches begegnet
einem hier, sondern das angenehm vertraute Bild
einer unspektakulären Landschaft. Jedes der vier
Dörfer hat eine eigene Geschichte, die den Menschen die dort leben, natürlich mehr Tradition und
Identität vermittelt, als das noch junge Verwaltungs-
gebilde Ostfildern. Rudi Fuchs, mit dem ich diese
Skulpturenausstellung machte, dachte sofort an
Kunstwerke, die hier in der Landschaft plaziert werden müßten. Kunstwerke, die als sichtbare Zeichen
den vier Teilgemeinden zugeordnet sind, alle verschieden und dennoch zusammengehörig. Unsere
Wahl fiel auf den amerikanischen Künstler Sol LeWitt,
der in den 60er Jahren zu den Mitbegründern der
konzeptuellen Minimal-Art gehörte. Diese Kunstrich-
tung lenkte ihr Interesse auf die Untersuchung ein-
fachster Grundformen, die den Prozeß der Idee und
ihrer künstlerischen Anwendung objektiv erscheinen
ließ, im Gegensatz zu den psychologisch gestischen
Ausdrucksformen. In seinen „Paragraphs on Concep-
tual Art" von 1966 beschreibt Sol LeWitt diese Position: „Will der Künstler seine Idee vollständig unter-
suchen, darf er so wenig als möglich willkürliche
oder zufällige Entscheidungen zulassen; Launen,
Geschmack und andere Phantasien sollten beim
Machen von Kunst ausgeschaltet werden. Wenn ein
Künstler eine begriffliche Art von Kunst verwendet
heißt das, daß der Plan und alle Entscheidungen im
Voraus getroffen werden und die Durchführung dann

„Diese Ideen brauchen nicht komplex zu sein. Die meisten guten Ideen sind zum Lachen einfach. Gute Ideen haben meistens den Anschein von Einfachheit, weil sie unvermeidlich scheinen. Wo es um Ideen geht ist der Künstler frei, sogar sich selber zu überraschen. Ideen entdeckt man mit Intuition."

Sol LeWitt

  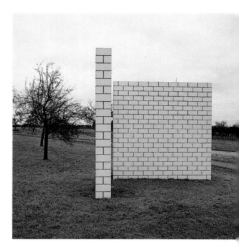

fast mechanisch geschieht." Dieses Kunstverständnis war damals deshalb so radikal, weil es Abschied nahm von der Vorstellung des genialen Künstlersubjekts, das die Produktion von Kunstwerken abhängig macht von individuellen kreativen Entscheidungen. „Es ist das Ziel des Künstlers, der sich mit konzeptueller Kunst beschäftigt, seine Arbeit in geistiger Hinsicht für den Betrachter interessant zu machen und deshalb möchte er normalerweise, daß sie in emotionaler Hinsicht nüchtern, trocken wirkt. Es besteht allerdings kein Grund zur Annahme, der konzeptuelle Künstler wolle den Betrachter langweilen." Sol LeWitt rechnet mit der allgemeinen Vertrautheit der von ihm verwendeten Grundformen und auch später in seinen Wandmalereien, der verwendeten Grundfarben. Er benutzt die Vorkenntnis des Betrachters, um damit das Augenmerk auf das Wesen des Kunstwerks zu lenken, das nach einer gewissen Zeit der Wahrnehmung seine Systematik offenbart. Er nennt deshalb seine Arbeiten auch nicht Skulpturen sondern Strukturen. Jede einfache Grundform, als Modul benutzt, erfährt in serieller Variationen unzählige, einer rationalen Systematik folgende Veränderungen. „Wenn ein Künstler mit wiederholten Einheiten arbeitet, verwendet er im allgemeinen eine einfache vorhandene Form. Die Form selbst ist nur begrenzt wichtig; sie wird zur Grammatik des gesamten Werkes. Tatsächlich wählt man die Grundeinheit am besten uninteressant, so fügt sie sich leichter in das ganze Werk. Die Verwendung komplizierter Grundformen sprengt nur die Einheit des Ganzen. Die wiederholte Verwendung einer einfachen Form begrenzt das Arbeitsfeld und legt das Gewicht auf die Anordnung der Form. Diese Anordnung wird das Ziel, während die Form zum Mittel wird." Um auch noch der letzten Gefahr von Subjektivität zu entgehen, legte er die Farbe Weiß für alle Strukturen fest. Schon 1966 veranschaulicht LeWitt in seinem Objekt ABCD, das heute in der Sammlung des Westfälischen Landesmuseums in Münster steht, die Idee der Modulation um den Kubus. Seither begegnet uns diese Form immer wieder: als geschlossenes Volumen etwa, 1984 in Basel, bei seiner 5 x 5 x 5 m großen Arbeit für die Ausstellung „Skulptur im 20. Jahrhundert" im Merian Park, als offene Gitterstruktur in der Sammlung der „Hallen für Neue Kunst" in Schaffhausen, als perspektivisch, zweidimensionale Wandarbeit an den Außenwänden des Gemeente Museums in Den Haag oder in seinen unzähligen Wandmalereien. Immer jedoch erscheint diese einfache, vertraute Form als neu erkundenswert. Einige Zeit nach seinem Besuch in Ostfildern, wo wir mit ihm die Standorte für seine Arbeit festgelegt hatten, schickte er uns aus Amerika ein akkurates Holzmodell seines Vorschlages: quadratische

Wandscheiben, die in vier Schritten von der einzelnen Wand zum geschlossenen Kubus führen. Ein entscheidendes Detail aber macht deutlich, daß er den Akzent auf die vier Außenwände setzt und nicht auf den kubischen Würfel, der ja sechs Seiten hat; die Wände sind in den Ecken nicht verbunden, sondern durch einen 10 cm breiten Spalt getrennt. Obwohl so vertraut, doch ganz anders als der geschlossene Kubus von Basel, bei dem man sich optisch problemlos den Boden und den Deckel dazudenken kann, der bei einer Höhe von fünf Metern ohnehin nicht zu sehen ist. Wir waren von der Einfachheit begeistert, weil so jede Teilgemeinde ihre eigene Skulptur hat und trotzdem über die Struktur eine logische Verbindung zum Ganzen geschaffen wird. Der Klarheit der Idee standen jedoch einige anspruchsvolle Details in der Ausführung entgegen, die er ganz seinen Grundsätzen entsprechend, daß Kunst nicht von den handwerklichen Fähigkeiten des Künstlers abhängig sein sollte, den Spezialisten und den Organisatoren der Ausstellung überließ. Nun stehen dort in Ostfildern vier klare, weiß strahlende Skulpturen in der Landschaft, reine Form und für viele nichts weiter als eine Absurdität mitten in der Natur. Doch ist es nur die Fortsetzung einer Tradition, die uns allen aus den Landschaftsgärten des 17. und 18. Jahrhunderts so vertraut ist, wo bestimmte Zielpunkte mit an sich funktionslosen Architekturformen, teilweise künstlichen Ruinen, akzentuiert wurden. Oder ich denke an die Landschaftsbilder von Claude Lorrain, wo Natur und Landschaft sowohl im Geiste einer idealen Ordnung des akademischen Kanons als auch als Gefühlsquelle der Realität dargestellt werden. Die Architekturdarstellungen in diesen Bildern veranschaulichen das Gleichgewicht zwischen der naturhaften und der gestalteten Ordnung. Sol LeWitts Arbeit entfaltet gerade wegen ihrer Einfachheit eine Vielzahl von Betrachtungsweisen: die Demonstration minimalistischer Kunstauffassung, der pars-pro-toto-Gedanke im Sinne der gestellten künstlerischen Aufgabe und auch die unerwartete Akzentuierung einer schönen Landschaft. Für alle jene, denen solches Sehen und Verstehen fremd ist, schrieb er 1966: „Man braucht das Werk nicht unbedingt abzulehnen, wenn es nicht gut aussieht. Manchmal findet man etwas mit der Zeit gefällig, das einem am Anfang merkwürdig vorkam."

Veit Görner

Dokumentation

In diesem Kapitel sind alle Heft-
ausgaben von 25 Jahrgängen
KS Neues sowie die Sonderhefte
aufgeführt.

KS Neues	KS Neues	Sonderhefte
1/69	1/80	**Bild + Detail**
2/69	2/80	1978
1/70	1/81	**Innenräume**
2/70	2/81	1980
3/70		
	1/82	**Architekturpreis**
1/71	2/82	1981
2/71		
3/71	1/83	**Architekturpreis**
	2/83	1992
1/72		
2/72	1/84	
3/72	2/84	
1/73	1/85	
2/73	2/85	
1/74	1986	
2/74		
3/74	1987	
1/75	1/88	
2/75	2/88	
1/76	1989	
2/76		
	1990	
1/77		
2/77	1/91	
	2/91	
1/78		
2/78	1992	
1/79	1993	
2/79		
	1994	

1/69 2/69 1/70 2/70

KS Wett bewerb '70

Wettbewerb:
»Neues Bauen in Kalksandstein«
Prämiert werden beispielhafte Bauten, die
entweder in Kalksandstein geplant oder
bereits ausgeführt worden sind.

Auslober:
Redaktion der Zeitschrift »KS Neues«
im Auftrage der Kalksandsteinindustrie.

Jury:
Prof. Dr. Ing. E. h. Egon Eiermann, Karlsruhe
Dipl. Ing. Carlfried Mutschler, Mannheim
Prof. Dipl. Ing. Joachim Schürmann, Köln

Preise:
DM 22.000,– Gesamtwert

3/70

1/71

2/71

3/71

Leitartikel

Der Mauerwerksbau – sein
Beitrag im gegenwärtigen Bauen
J. A. Heinz Jakubeit

Berichte

Ergebnis – KS Wettbewerb '70
Protokoll der Jury

Vier Wohnhäuser in
Emmendingen bei Freiburg
Architekt:
Karlheinz Boch

Altenwohnheim in Remscheid
Architekten:
Hanns Berger, Jürgen Hartmann

Wohnanlage in München
Architekt:
Manfred Schneider

Leitartikel

Spielraum für Kinder –
Möglichkeiten einer Strukturierung
Jochem Jourdan

Berichte

Tagungsstätte der
Evangelischen Akademie
Nordelbien in Bad Segeberg,
Schleswig-Holstein
Architekt:
Helmut Striffler
Mitarbeiter: Günter Hahl

Kindergarten in Weisweil
Architekt:
Karlheinz Boch

Gemeindezentrum am
Ketschendorfer Hang in Coburg
Architekten:
Von Busse und Partner
Mitarbeiter: Gerhard und
Ilse Schulwitz

Friedhofskapelle in Gauting
Architekten:
A. Frh. von Branca, Erhard Fischer

Leitartikel

Bauen mit Erde
Gunnar Martinsson

Berichte

Wohnhausgruppe in Stetten bei
Stuttgart
Architekten:
Hans Kammerer, Walter Belz

Wohnheim für Ordensschwestern
in Bornheim bei Bonn
Architekt:
Herbert P. Tabeling

Wohnhaus in
München-Bogenhausen
Architekt:
Hans H. Rost

Reihenhäuser in Karlsruhe
Architekt:
Heinz Mohl

Leitartikel

Mauerwerk-„Rissologie"
Raimund Probst

Berichte

Evangelisches Gemeindehaus
in Bad Kissingen
Architekten:
Von Busse und Partner
Hans Busso von Busse, Roland
Büch, Niels Kampmann
in Zusammenarbeit mit den
Architekten: Herbert und Hans
Knoch, Hans Hitthaler

Zwei Gemeindehäuser
in Möttau, Oberlahnkreis und
Lorsbach, Taunus
Architekt:
Robert Kämpf

Einfamilien-Terrassen-Wohnhaus
in Wiernsheim bei Vaihingen
Architekt:
Siegfried Schwab
Mitarbeiter: Dietrich Osann

Wohnhaus „über Eck"
in Bad Oeynhausen
Architekt:
Hilmar Wiethüchter

1/72

2/72

3/72

1/73

Leitartikel

Verkehr von morgen – keine Zukunftsvision, sondern politische Aufgabe von heute. H. Borcherdt

Berichte

Besprechung KS Kalender 1972

Kindergarten in Bissone, Tessin
Architekt:
Dolf Schnebli
Mitarbeiter: Ernst Engeler
Ausführlicher Bericht Seite 26

Soziale Wohnbauten für die Stadt Lugano
Architekt:
Dolf Schnebli
Mitarbeiter: Isidor Ryser

Wohnhaus in Büderich bei Düsseldorf
Architekt:
Klaus Reese

Mehrfamilienhaus in Nürnberg
Architekt:
Karl Heinz Grün

Büro- und Wohngebäude in Frankfurt
Architekten:
Planungsgruppe A. C. Walter

Leitartikel

Wege in die städtische Zukunft Alexander Mitscherlich

Berichte

Wohnbebauung in Berlin-Gropiusstadt
Architekten:
Josef Paul Kleihues,
Hans H. Moldenschardt

Terrassenhaus in Berlin-Grunewald
Architekten:
Reinald Neumann, Ulrich Grollmitz

Altenwohnheim Kurt-Exner-Haus in Berlin
Architekten:
Kurt Brohm, Wilhelm Korth

Stadterneuerung in Berlin-Wedding
Architekten:
Jan und Rolf Rave,
Dietrich von Beulwitz
Mitarbeiter: Hans Joachim Knöfel

Betriebskindertagesstätte der Karl-Bonhoeffer-Klinik in Berlin
Architekten:
G. und M. Hänska
mit Gerd Schumann

Leitartikel

Anspruch und Wirklichkeit von Demokratisierungsversuchen bei Planungsprozessen. H. Holtmann

Berichte

Zwei Wohnanlagen in Darmstadt
Architekt:
Rolf Poth

Evang.-Luth. Gemeindezentrum in Mainaschaff
Architekten:
Von Busse und Partner
Hans Busso von Busse,
Heinz Blees, Roland Büch, Niels Kampmann
in Zusammenarbeit mit den Architekten:
Josef Böhm, Helmut Hirsch

Wohnhaus in Oberdollendorf-Königswinter
Architekt:
Wolfgang Krenz

Altenheim Berlin Clay-Allee
Architekt:
Hans-Dieter Bolle
Mitarbeiter: Hahn, Steuerwald und Reinhardt

Leitartikel

Die neue Stadt – eine Rechnung über ihre Gewinne und Verluste Eberhard Schulz

Berichte

Neues Bauen in Kalksandstein – Ausstellung in der TH Darmstadt während des Sommersemesters 1973
Entwurf und Gestaltung:
Klaus Kinold mit J. A. Heinz Jakubeit, Peter Reichert, Dieter Lauer, Peter Burger

Gemeindeakademie in Rummelsberg bei Nürnberg
Architekten:
Von Busse und Partner
Hans Busso von Busse, Heinz Blees, Roland Büch, Niels Kampmann
Ausführlicher Bericht Seite 30

Wohnhaus mit Atelier in Icking bei München
Architekt:
L. A. Hollfelder

Feuerwehrgerätehaus in Ottobrunn
Architekt:
Gerd F. Goergens

2/73   1/74   2/74   3/74

2/73

Leitartikel

Emanzipatorische Architektur?
Ottokar Uhl

Berichte

Kindergarten in Dreieichenhain
bei Darmstadt
Architekten:
Werner Hessberger, Herbert
Klöckner

Wohnhaus in Lörrach
Architekten:
Kurt Gelhaar, Dieter Hoor
Mitarbeiter: Antonios Triphilis

Wohnhaus in Witten an der Ruhr
Architekt:
Gerhard Assem

Wohnbebauung in Köln-Seeberg
Architekten:
Fritz und Christian Schaller

1/74

Leitartikel

Wie relevant ist Architektur?
Franz Pavelka

Berichte

Wohnhaus in Gelsenkirchen-Buer
Architekten:
Richard Gottlob, Horst Klement

Wohnhaus mit Architekturbüro
in Ettlingen
Architekten:
Eva-Maria und Robert
Langensteiner

Einfamilienhaus in
Meerbusch-Büderich
Architekt:
Herbert Monheim

Appartementhaus in Freiburg
Architekt:
Karlheinz Boch
Mitarbeiter: Anke-Maria Boch,
Gerhard Boch

2/74

Leitartikel

Die Farbe in der Architektur
Franzsepp Würtenberger

Berichte

Wohnanlage in Karlsfeld
bei München
Architekten:
Adolf und Helga Schnierle
Mitarbeiter: Adolf Gamp

Reihenhaus in Scherz, Schweiz
Architekt:
Klaus Vogt

Gemeindezentrum in
Oerlinghausen
Architekten:
Günter Schmidt,
Friedrich Schmersahl

Doppelhaus in Gockhausen
bei Zürich
Architekten:
Hans und Marguerite Dreher

3/74

Leitartikel

Schulbau ist kein ökonomisches
Verpackungsproblem
Ehrhard Reusche

Berichte

Wohnsiedlung „Sanlampark"
bei Johannesburg, Südafrika
Architekten:
Gallagher, Meyer and Partners
Glen Gallagher, Dierk Volavsek

Tennisclubhaus in Kelkheim
Architekt:
Friedrich E. Rosenberg

Wohnhaus am Hang in
Karlsruhe-Bergwald
Architekten:
Karl Bauer, Dietrich Weigert
Mitarbeiter: Egmont Reis

1/74 KS Neues

Neues Bauen in Kalksandstein

1/75 2/75 1/76 2/76

1/77　　2/77　　1/78　　2/78

1/77

Leitartikel

Der Ruf nach einer
anspruchsvollen Architektur
Vittorio Magnago Lampugnani

Berichte

Doppelhaus in Weilheim
bei Waldshut
Architekt:
Adolf Gamp

Hallen-Freibad in Schöllbronn
Architekt:
Reiner Bucerius

Vierfamilienhaus in Ladbergen
bei Münster
Architekt:
Hermann-J. Farwick
Mitarbeiter: Walter Schmidt

Kunsthaus in Herford
Architekt:
Dieter Oesterlen
Mitarbeiter: Diethelm Hoffmann,
Joachim Schindelhauer, Jörg
Werner, Horst Kunter, Norbert
Neitzke, Friedrich Oesterlen,
Hans-Henning Schwerdt

2/77

Leitartikel

Zweischaliges Verblend-
mauerwerk mit Luftschicht
Günter Zimmermann

Berichte

Krematorium bei Schagen,
Nordholland
Architekten:
P. H. Tauber, J. F. Bakker
Mitarbeiter: A. F. Thomsen

Wohnanlage in Bad Nauheim
Architekt:
A. C. Walter
Mitarbeiter: Ullrich Keller,
Charlotte Schäfer

Förderungs- und
Bildungszentrum in Garbsen-
Berenbostel bei Hannover
Architekt:
Heinz Wilke

1/78

Leitartikel

Dach- und Terrassengärten
für ein besseres Stadtklima
Karl Höschele

Berichte

Kindergarten in Locarno
Architekten:
Dolf Schnebli mit Isidor Ryser,
Ernst Engeler, Bernhard Meier,
Tobias Ammann, Enzo Nicora

Altenzentrum St. Martin in
Köln-Porz
Architekt:
Herbert P. Tabeling

Reihenhausgruppe in
Karlsruhe-Durlach
Architekten:
Reinhard Rogalla und Dietrich
Weigert mit Roland Burgard,
Stefan Schlau, Christoph
Schmachtenberg

2/78

Leitartikel

Sonnenenergie
und Mauerwerksbau
Erich Panzhauser

Berichte

Konservatorium in Beer-Sheva,
Israel
Architekten:
Rechter und Zarhy

Einfamilienhaus in Ahlen,
Westfalen
Architekten:
Rainer Roßbach, Wilhelm Jansen

Wohnhaus in Neuss
Architekt:
Christoph Schmachtenberg

Wohnhaus in Bad Oeynhausen
Architekt:
Hilmar Wiethüchter
Mitarbeiter: Walter Noltin,
Günter Weltke
Ausführlicher Bericht Seite 50

1/79

Leitartikel

Orientierungslos? Versuch
einer Standortbestimmung
Günther Schiwy

Berichte

Wohnhaus in Oldenburg, Holstein
Architekt:
Sönke Blaue

Wohnhaus in Trautheim bei
Darmstadt
Architekt:
Hans Waechter

Wohn- und Atelierhaus
in Hamburg-Neuengamme
Architekt:
Friedhelm Grundmann

2/79

Leitartikel

Horror oder Utopie?
Gottfried Knapp

Berichte

Umspannwerk Schloßbergring in
Freiburg, Breisgau
Vorentwurf:
Klaus Humpert, Volker
Rosenstiel, Hermann Krug
Entwurf, Ausführungsplanung
und Bauleitung:
Hermann Krug

Reihenhausgruppe in
Karlsruhe-Bergwald
Architekt:
Heinz Mohl

Wohnhausgruppe in
Viersen-Ummer
Architekt:
Horst Schmitges

Wohnhaus mit Arztpraxis in
Hünenberg, Schweiz
Architekt:
Ruedi Zai

1/80

Leitartikel

Die Stadt –
ihr Wesen ist Veränderung
Heinz Mohl

Berichte

Ausschreibungstext
KS Wettbewerb '80

Kaufhaus Schneider in Ettlingen
Architekt:
Heinz Mohl

Altstadtsanierung in Wetter
an der Ruhr
Architekten:
Karl Friedrich Gehse, Detlef
Grüneke, Bernd Volmerhaus

Wohnhaus in Mühlheim, Main
Architekt:
Dejan Marinkovic
Mitarbeiterin: Monika Marinkovic

Einfamilienhausgruppe
in Göttingen-Nikolausberg
Architekten:
Dieter Köppler, Hans Jochen
Schwieger

2/80

Leitartikel

Die Fastenzeit ist zu Ende
Gottfried Knapp

Berichte

Wohnhaus am Hang in
Bad Breisig
Architekten:
Planungsgruppe Bonn
Wolfgang Krenz und Partner

Pflegeheim „Auhof" in
Hilpoltstein bei Nürnberg
Architekten:
Von Busse und Partner
Hans Busso von Busse, Heinz
Blees, Roland Büch, Niels
Kampmann
in Zusammenarbeit mit dem
Bau- und Planungsbüro der
Rummelsberger Anstalten unter
Leitung von Johannes Conrad

Überbauung Lorraine
in Burgdorf, Schweiz
Architekten:
Atelier 5
Ausführlicher Bericht Seite 54

1/81

2/81

1/82

2/82

Leitartikel

Neue Architektur
im historischen Zusammenhang
August Gebeßler

Berichte

Einfamilienhaus mit Büro
in Leimersheim
Architekt:
Peter Weller
Ausführlicher Bericht Seite 58

Dienstgebäude für die
Justizbehörden in Baden-Baden
Architekten:
Staatliches Hochbauamt I
Karlsruhe
Entwurf: Barbara Jakubeit

Leitartikel

Vortrag bei der Architekten-
kammer in München, Februar 1981
Günter Behnisch

Berichte

Reihenhausgruppe
in Hamburg-Poppenbüttel
Architekten:
Projektgemeinschaft
Ilse-Marie Rojan-Sandvoss und
Otto Steidle,
Partner Roland Sommerer
Mitarbeiter: Hans Kohl,
Alexander Lux

Wohnhaus in Bremen
Architekten:
Kristen und Dorothea Müller,
Wilfried Reese

Therapiegebäude Mädchenheim,
Diakoniezentrum Heiligensee in
Berlin
Architekten:
Ernst F. Bartels, Christoph
Schmidt-Ott

Leitartikel

Manierismen in der
Gegenwartsarchitektur
Frank Werner

Berichte

Wohnsiedlung Angermund,
Heltorfer Mark in
Düsseldorf-Angermund
Architekten:
H. Heldmann, H. Ulrich
Mitarbeiter: E. Kurze,
R. Baumann

Rathaus in Schweitenkirchen
Architekt:
Alexander Pagenstecher
Mitarbeiter: W. Kopp

Reproanstalt in Kloten bei
Zürich
Architekten:
Spiess & Wegmüller

Leitartikel

Demokratie – Bauherr
in eigener Sache
Christoph Hackelsberger

Berichte

Kleingartenanlage „Im Albgrün",
Karlsruhe
Architekt:
J. A. Heinz Jakubeit
Mitarbeiter: Manfred Lorenz
Ausführlicher Bericht Seite 64

Badezentrum Freizeitpark
Heidesee in Forst
Architekten:
Siegfried Huber, Ertugrul Baskaya
Mitarbeiter: R. Lumpp

Katholisches Gemeindezentrum
St. Maternus in Trier
Architekt:
Günter Kleinjohann
Mitarbeiter: Horst Gschwendner

Zahntechnisches Laborgebäude
in Eggenstein bei Karlsruhe
Architekt:
Dietrich Oertel
Mitarbeiter: Wolfgang Vogel

1/83

2/83

1/84

2/84

Leitartikel

Vom Vorkurs am Bauhaus zu den Grundlagen der Gestaltung
Wolfgang Etz

Berichte

Ausbildungszentrum der Berner Kantonspolizei in Ittigen, Schweiz
Architekten:
Generalplanungsteam PSI
Suter und Partner

Einfamilienhaus mit Büro in Rheinstetten bei Karlsruhe
Architekt:
Michael Commandeur

Wohnhaus in Offenbach
Architekt:
Heino Engel
Mitarbeiter: Hannelore Rundel,
Sigmar Gerhardt

Reihenhausgruppe in Bremen
Architekten:
Kristen Müller, Wilfried Reese,
Peter Sieg

Leitartikel

Brandschutz
Ernst Achilles

Berichte

Feuerwehrgerätehäuser in Frankfurt-Rödelheim und Frankfurt-Berkersheim
Architekten:
Hochbauamt der Stadt Frankfurt am Main
Ausführlicher Bericht Seite 68

Wohnhaus in Oberwil bei Basel
Architekten:
Jacques Herzog, Pierre de Meuron
Ausführlicher Bericht Seite 72

Wohnhaus in Karlsruhe-Durlach
Architekt:
Nikolaus Kränzle

Leitartikel

Bauen in historischer Umgebung
Karljosef Schattner
Seite 156

Berichte

Werkstätten für Behinderte in Hilpoltstein
Architekten:
Hans Busso von Busse und Partner
Mitarbeiter: Karlheinz Merkel,
Hansjörg Trefny, Hannes Bauer,
Projektleitung
Bauleitung: Karl Neuleitner
Ausführlicher Bericht Seite 76

Hauskapelle im Bischöflichen Palais in Eichstätt
Architekt:
Karljosef Schattner

Wohn- und Bürohaus in Mannheim
Architekt:
Claus Waldmann
Techn. Betreuung und
Objektüberwachung: A. Koch,
E. Steinhauer, G. Nörling
Koordination: G. Schulz

Wohn- und Bürogebäude in Zürich
Architekten:
Claude Paillard, Robert Bass

Leitartikel

Die vorsichtige Wiederkehr von Utopia
Vittorio Magnago Lampugnani

Berichte

Wilhelm-Busch-Schule in Mannheim
Architekten:
Carlfried Mutschler + Partner
Joachim Langner
Mitarbeiter: G. Fornoff, G. Keller,
Chr. und W. Mäurer, G. Pflug,
H. Schlautmann, J. Stemmle,
A. Weikmann

Gemeindezentrum Münchwilen, Schweiz
Architekten:
René Antoniol, Kurt Huber
Mitarbeiter: D. Eigenmann,
R. Löffel

Kirche in Rautavaara, Finnland
Architekten:
Sakari Aartelo, Esa Piironen

Pfarrzentrum St. Josef in Burglengenfeld
Architekt:
Franz Kießling
Mitarbeiter: H. Streitenfeld,
W.-D. Stollenwerk, E. Rutledge

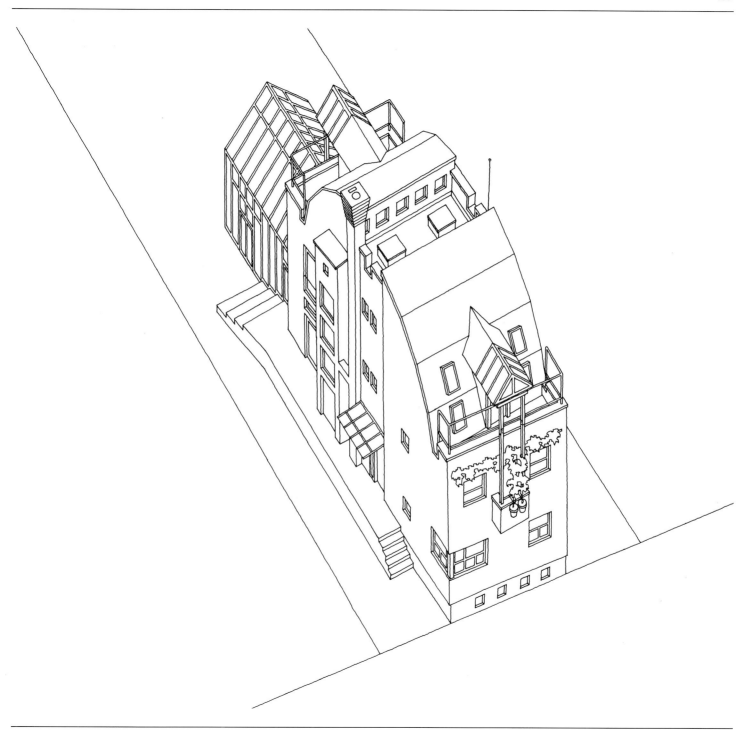

1/85

2/85

1986

1987

Leitartikel

Einige Bemerkungen zum
Museumsbau
Herbert Fecker

Berichte

Wohnhaus in Biel-Benken,
Schweiz
Architekten:
Xaver Nauer und Urs B. Roth
Ausführlicher Bericht Seite 84

Einfamilienhäuser in Holzminden
Architekten:
Schneider & Lauter mit
B. Kreykenbohm

Büro- und Lagergebäude
in Haan/Wuppertal
Architekt:
Herbert Heuser
Mitarbeiter: Bernd Ansorg,
Andrew Spreull

Jugendherberge in Lörrach
Architekten:
Brettel-Architekten-Cooperativ

Leitartikel

Mauerwerk nach Maß
Herbert Menkhoff, Wilfried Zapke

Berichte

Gartenbaubetriebshof
in München
Architekten:
Claus + Forster
Mitarbeiter: Petra Hölzel, Judith
Hagenbucher, Marlene Vesely
Kunst am Bau: Eckart Hauser

Gemeindezentrum
in Remscheid-Lennep
Architekt:
Will Baltzer
Projektleiter: Rolf Bertenrath
Mitarbeiterin: Eva Aulke

Mehrfamilienhaus in Zürich
Architekten:
Jacqueline Fosco-Oppenheim,
Benno Fosco, Klaus Vogt,
Mitarbeiterin: Astrid Peissard

Vollbiologisches Großklärwerk
in Frankfurt
Architekten:
Trageser + Wagner
Planung: Stadtentwässerungsamt
Projektgruppe Klärwerke
Baudirektor Dr. L. Gniosdorsch
Planungsgemeinschaft Klärwerk
Frankfurt-Niederrad
Ing.-Büro Kittelberger
Ing.-Büro Dr. Born

Leitartikel

Innovation im Mauerwerksbau –
gibt's das?
Fritz Walch

Berichte

Wohnanlage „Rheinpark"
in Königswinter
Architekten:
Planungsgruppe Bonn
Krenz, Meier + Assoziierte

Mehrzweckanlage in Winterthur
Neubau Unterkunftsgebäude
Architekt:
Ulrich J. Baumgartner

Wohnanlage mit Tiefgarage
in Herdecke/Ruhr
Architekten:
Grüneke, Fischer, Flunkert

Betriebs- und Verwaltungs-
gebäude in Greven
Architekt:
Jürgen Hornemann
Mitarbeiterin: Ingrid Brüggemann

Leitartikel

Weiter wohnen wie gewohnt?
Michael Andritzky

Berichte

Villa Meyer in Zürich-Riesbach
Architekten:
Dolf Schnebli + Tobias Ammann
Mitarbeiter: Paolo Külliker
Ausführlicher Bericht Seite 98

Kindergarten in Berg, Pfalz
Architekten:
Rainer Franke, Rainer Gebhard

Internationales Institut für
Berufsbildung in Mannheim
Architekten:
Carlfried Mutschler und Partner
Joachim Langner
Mitarbeiter: L. Farinella,
G. Gruninger, G. Keller,
K. Koller, V. Maier, W. und Chr.
Mäurer, H. Schlautmann,
L. Schwöbel, A. Weickmann
Ausführlicher Bericht Seite 94

Lineares Haus in Darmstadt
Architekten:
Haus-Rucker-Co
L. Ortner, G. Zamp Kelp,
M. Ortner
Ausführlicher Bericht Seite 90

1/88

2/88

1989

1990

Leitartikel

KS Architekturpreis 1987
Fritz Walch
Protokoll – Prämierte Arbeiten

Berichte

Wohn- und Werkstättengebäude
in Zürich
Architekt:
Werner Rafflenbeul

Bürogebäude in Karlsruhe
Architekt:
Edwin Schäfer

Informationszentrum in Manno,
Tessin
Architekt:
Claudio F. Pellegrini

Produktionsgebäude
in Wermelskirchen
Architekt:
Herbert Heuser
Mitarbeiter: B. Hardick, B. Schuh,
A. Spreull, H. Sprenger

Leitartikel

Kultur und Städtebau
Michael Andritzky

Berichte

Wohnheim für Behinderte
in Wörth a. Rh.
Architekt:
Peter Weller
Mitarbeiter: K.-M. Zipp,
W. Rerich

Studentenwohnheim
in München-Großhadern
Architekt:
Werner Wirsing
Mitarbeiter: F. Aicher,
B. Brumberger, E. Hein, W. Ott

Erweiterung und Mensa der
Hochschule für Bildende Künste
in Braunschweig
Architekten:
Kraemer, Sieverts und Partner
Zust. Partner: Lutz Käferhaus
Oberleitung: Staatshochbauamt
Braunschweig

Wohngebäude in Lausanne
Architekten:
Atelier Cube
Guy Collomb, Marc Collomb,
Patrick Vogel
Ausführlicher Bericht Seite 104

Leitartikel

Die große und die kleine Utopie
Wolfgang Pehnt
Seite 159

Berichte

Wohnhaus in Karlsruhe-Durlach
Architekt:
Berthold Rosewich
Ausführlicher Bericht Seite 110

Kindertagesstätte
in Göttingen-Weende
Architekt:
Hans Jochen Schwieger
Mitarbeiter: W. Lieberum

Materialprüfamt in Kaiserslautern
Architekten:
Gerhard Dürr, Klaus Gauger

Wohnüberbauung in Baar,
Schweiz
Architekten:
D. Schnebli, T. Ammann, W. Egli,
H. Rohr

Leitartikel

Materialästhetik und
Rasterbauweise
Winfried Nerdinger

Berichte

Evang.-Luth. Gnadenkirche
in Würzburg-Sanderau
Architekten:
Hans Busso von Busse & Partner
Projektleiter: Ulrich Budning
Mitarbeiter: Philipp Eller
Bauleitung: Gerhard Grellmann,
Florian Leitl
Mitarbeiter: Heiner Roth

Laborgebäude in Tübingen
Architekt:
Michael Muffler
Bauleitung: Friedrich Huber

Wohnhausgruppe in Espoo,
Finnland
Architekt:
Reijo Jallinoja
Ausführlicher Bericht Seite 120

Gymnasium und Höhere
Handelsschule in Nyon, Schweiz
Architekt:
Vincent Mangeat
Mitarbeiter: H. Jaquiery,
B. Verdon, P. Sgouridis
Ausführlicher Bericht Seite 114

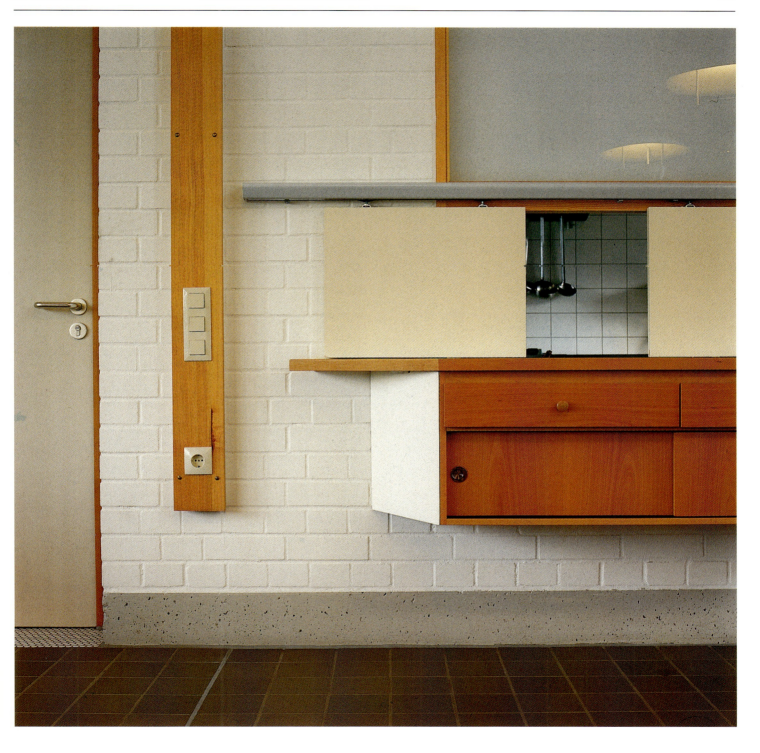

1/91

2/91

1992

1993

Leitartikel

Qualität durch Zusammenarbeit
Wolfgang Jean Stock

Berichte

Wohnüberbauung in Lausanne
Architekten:
Atelier Cube
Guy Collomb, Marc Collomb,
Patrick Vogel
Mitarbeiter: Daniel Horber
Ausführlicher Bericht Seite 104

SRK-Ausbildungszentrum
in Nottwil
Architekten:
Fischer Architekten
Projektleiter: Pius Fleischmann

Werkhof in Interlaken
Architekten:
Bysäth + Linke
Mitarbeiter: Markus Ruch

Leitartikel

KS Architekturpreis 1992
Auslobungstext

Berichte

Umbau Speichergebäude
in Amsterdam
Architekt:
Chris Smit

Wohnhaus in Wuppertal
Architekten:
Rainer Franke, Rainer Gebhard

Bürgerhaus in Kerpen-Horrem
Architekten:
Baugruppe Köln
Hans-Otto Beck, Manfred Wenzel

Max-Immelmann-Kaserne
in Oberstimm bei Ingolstadt
Architekt:
Franz Kießling

Leitartikel

Eine „Jahrhundertaufgabe" für
Architekten
Wolfgang Jean Stock

Berichte

Jugendbildungsstätte
in Windberg
Architekt:
Thomas Herzog
Mitarbeiter: Peter Bonfig
Ausführlicher Bericht Seite 126

Arbeitsamt in Regensburg
Architekten:
Karl Heinz Grün, Vural
Cokbudak
Projektleiter: Matthias Francke

Wohn- und Bürohaus in
Berg, Pfalz
Architekten:
Rainer Gebhard, Rainer Franke
Ausführlicher Bericht Seite 132

Kindertagesstätte
in Frankfurt-Niederrad
Architekten:
Wörner + Partner

Leitartikel

Sol LeWitt in Ostfildern
Veit Görner
Seite 164

Berichte

Wohnhaus in Lehre
Architekten:
Schulitz + Partner
Helmut Schulitz, Stefan Worbes,
Michael Sprysch

Feuerwehrgerätehaus
in Karlsruhe-Durlach
Architekt:
Berthold Rosewich
Mitarbeiter: Rainer Girke

Überbauung Bannhalde
in Frauenfeld, Schweiz
Architekten:
Dolf Schnebli, Tobias Ammann,
Flora Ruchat-Roncati
Verantwortliche Partner:
Tobias Ammann, Isidor Ryser
Mitarbeiter: Markus Meili

Mehrzweckanlage in Lenting
Architekten:
Manfred Fischer,
Martin Reinfelder

1994

Leitartikel

Zum 25. Geburtstag „KS Neues"
oder die Lehre der Kalksandsteine
Dolf Schnebli

Berichte

Büro- und Wohngebäude
in Schallstadt
Architekt:
Manfred Morlock
Ausführlicher Bericht Seite 148

Schulerweiterung Kappelerhof
in Baden, Schweiz
Architekten:
Dolf Schnebli, Tobias Ammann,
Flora Ruchat-Roncati
Ausführlicher Bericht Seite 140

Grundschule mit Turnhalle
in Durmersheim
Architekten:
Werkgemeinschaft Karlsruhe
Projektleitung: R. Hoinkis,
Th. Kupsch
Mitarbeiter: F. Gries, Chr. Kraft

Wohnanlage Entrepôt West
in Amsterdam
Architekten:
Atelier Pro

Sonderhefte

KS Neues
Bild + Detail
1978

Sonderheft zum Thema:
Zweischaliges Mauerwerk mit
Wärmedämmung

Leitartikel

Vom Ende der einschaligen
Außenwand
Fritz Walch

Ausarbeitung
Fritz Walch

Fotografie
Klaus Kinold

KS Neues
Innenräume
1980

Sonderheft mit 18 verschiedenen
Objektbeispielen zum Architek-
turthema: Innenraumgestaltung

Leitartikel

Einige Gedanken zur Raum-
gestaltung in Erinnerung gerufen
Friedrich Kurrent

Text
J. A. Heinz Jakubeit

Fotografie
Klaus Kinold

Technische Hinweise zur Innen-
gestaltung mit KS
Helmut Marbach, Klaus Martin

KS Neues
Architekturpreis
1981

Sonderheft zum Kalksandstein-
Architekturpreis 1980

Leitartikel

Rückblick
Fritz Walch

Rede zur Preisverleihung
Ottokar Uhl

Protokoll des Preisgerichts;
Ergebnis

Eingereichte Projekte

KS Neues
Architekturpreis
1992

Sonderheft zum Kalksandstein-
Architekturpreis 1992

Leitartikel

Rückblick
Fritz Walch

Protokoll des Preisgerichts

Die Liebe zum Material
Max Bächer

Preisträger

Anerkennungen

Eingereichte Projekte

Register